의사소통과
심화 글쓰기

교재편찬위원회

UUP.

의사소통과 심화 글쓰기

■

- 2025년 9월 1일 **초판 발행**
- 2026년 3월 3일 초판 2쇄 발행
- **저 자** 교재편찬위원회(김동규, 김종규, 박민규, 안동섭)
- **펴낸이** 오연천
- **펴낸곳** **UUP**(울산대학교출판부) 680-749 울산광역시 남구 대학로 93(무거동) 울산대학교 출판부
- 전화 (052)259-2488 팩스 (052)277-3011 ▪ **홈페이지** http://uup.ulsan.ac.kr
- **출판등록** 제370-1996-000001호(1996.3.13)
- ₩18,000

■

ISBN 979.11.6726.088.8 (93810)

머리말

전설적인 비디오게임 회사 아타리(Atari)의 창립자 놀런 부쉬넬(Nolan Bushnell)은 '최고의 게임들은 모두 익히기 쉽고 숙달하기 어렵다(All the best games are easy to learn and difficult to master).'라고 말했다고 합니다. 대표적으로 축구 같은 것이 그렇습니다. 공을 차서 골대에 넣는다는 규칙은 미취학 아동도 익힐 수 있을 만큼 쉽고 직관적입니다. 하지만 축구를 완벽히 숙달한다는 목표는 저 하늘의 북극성만큼이나 멀리 떨어져 있지요. 이 간극이 수많은 사람을 축구의 세계로 끌어당기는 매력 가운데 하나입니다. 의사소통도 마찬가지입니다. 대부분은 타인과 의사소통하는 데 필요한 초보적인 기술 일체를 이른 나이에 어렵지 않게 터득합니다. 하지만 의사소통 기술의 숙달은 전혀 다른 차원의 이야기입니다. 축구의 경우처럼, 이 심원한 간극은 의사소통이라는 기예(art)를 가장 재미있는 게임 중 하나로 만들어 줍니다.

의사소통은 재미있을 뿐만 아니라 심지어 중요하기까지 합니다. 인간은 타인과 함께 살아가는 존재입니다. 우리 가운데 누구도 생물학적 부모 없이 태어나지는 않았을 것이니 우리의 탄생은 모두 타인의 조력 덕분이라고 할 수 있습니다. 독자생존이 어려운 유소년기를 무사히 통과한 것을 보면 역시 보호자의 도움과 사회 여러 방면의 지원이 있었음을 알 수 있습니다. 우리는 지금도 주변 사람들과 도움을 주고받으며 살고 있고 앞으로도 그럴 것입니다. 어떤 유명 철학자의 말을 살짝 비틀어 표현하자면, 우리는 '관계 속의 존재'인 것입니다. 그런데 이 관계들, 사람과 사람 사이를 이어주는 신비한 통로가 무엇인가 하면 결국 말과 글입니다. 그러니 어찌 중요하지 않겠습니까?

누구나 할 수 있지만 숙달하기 어려우며, 어렵다고 포기하자니 너무나도 중요하고, 중요하면서도 매력적이며 재미있습니다. 이것이 울산대학교에서 <의사소통과 기초글쓰기>에 이어 <의사소통과 심화글쓰기>를 개발하여 모든 학생이 수강해야 하는 필수과목으로 지정한 까닭입니다.

이 책은 <의사소통과 심화글쓰기> 과목의 교재입니다. 모두 여덟 개의 챕터로 이루어져 있고, 각 챕터는 하나의 주제에 접근하는 서로 다른 입장들을 소개합니다. 선정된 주제는 오늘날 대학생의 흥미를 끄는 이슈이면서도 동시에 우리 사회의 구성원이라면 누구나 관심을 가져볼 만한 실천적인 문제들을 담고 있습니다. 그러면서도 누구나 한 마디씩 보태고 싶게끔 만드는 뜨거운 지점이 있습니다. 인공지능(AI), 정의, 암호화폐, 환경, 한류, 유전공학, 사랑, 그리고 죽음은 여러 기준을 두루 만족시키는 적절한 화두(話頭)가 될 것입니다.

각 챕터의 내부로 들어가 보면 인간이 수행하는 언어적 의사소통의 전 분야를 고루 연습해 볼 수 있도록 안배하고 있습니다. 먼저 주어진 글을 읽고 요약하는 것은 상대방의 의사를 헤아리고 이해하는 연습입니다. 그렇게 이해한 내용에 자기의 생각을 덧붙여 다른 사람과 나누는 것은 효과적으로 의사를 표현하는 연습입니다. 같은 사안에 대한 여러 다른 생각을 청취하고 정리하는 것은 다수의 의사를 조율하는 연습입니다. 마지막으로 이러한 과정에서 확립된 자기 생각을 글로 기록하는 것은 더 넓은 담론의 장에 자기의 의사를 전달하는 연습입니다. 여러분 모두가 반복되는 훈련 속에서 이 중요한 기예가 자아내는 참된 재미를 발견할 수 있기를 기원합니다.

이 책이 세상에 나올 수 있었던 것은 모두 여러 선생님의 노고 덕분입니다. 저희 네 사람(김동규, 김종규, 박민규, 안동섭)이 각각 두 챕터를 집필했습니다. 김경회, 김윤정 두 분 선생님께서는 원고를 감수해주셨습니다. 이인택 선생님께서는 교양대학 전 학장이자 출판부 부장으로 교과과정 개편과 초기 교재 개발 지원을, 이후 현 교양대학 학장이신 신동목 선생님께서는 본격적인 교재 개발 과정을 지휘해 주셨습니다. 그리고 김진천 선생님께서는 교재편찬위원회의 위원장으로서 편찬과정에서 여러 문제를 조율해주셨습니다. 교재편찬 자문위, 그리고 단과대학 학장단을 구성하는 열여섯 분 선생님들께서 시간을 내어 초고를 읽어주셨습니다. 마지막으로 출판부의 김혜지 선생님께서 출판에 관한 일들을 맡아주셨습니다. 이 자리를 빌려 다시 한번 감사드립니다.

『중용(中庸)』 11장을 인용하며 짧은 머리말을 마칠까 합니다.

진리(道)는 평범한 사람들도 모두 수행할 수 있지만
그 지극한 수준에서는 성인(聖人)이라도 미숙한 점이 있도다

2025년 2월

집필진 일동

차례

Chapter 1

인공지능(AI)과 기술문명

Ⅰ. 글 안내 : 인공지능과 기술문명에 대해 고민해야 하는 이유

인공지능(AI : Artificial Intelligence)은 우리 시대의 가장 큰 화두 중 하나입니다. 인공지능 기술의 발전이 미칠 우리 삶의 영향이 매우 클 것으로 예상되기 때문입니다. 인공지능과 연관된 핵심 질문은 다음과 같습니다. '우리는 인공지능과 어울려 잘 살 수 있을 것인가?'

1984년 제임스 카메론(James Cameron) 감독은 전 세계를 깜짝 놀라게 한 영화 <터미네이터>를 내놓았습니다. 당시 이 영화의 인기와 영향력은 대단했고, 최근까지도 여러 시리즈물 및 애니메이션으로 명맥이 이어지고 있습니다. 이 영화가 이렇게 꾸준히 제작될 수 있었던 중요한 이유 중의 하나는 이 영화의 화두인 '우리는 기술과 잘 어울려 살 수 있을 것인가?'가 그만큼 매력적이기 때문입니다. <터미네이터>는 현재와 미래를 대비시켜 놓습니다. 이것은 1편에서 시작된 이 영화의 기본 설정입니다. 이 영화가 그려내는 미래에서 인간은 기술을 상징하는 기계와 적대적 관계에 있습니다. 기계는 인간의 통제를 벗어나 그것들만의 세계인 '스카이넷'을 만듭니다. 인간 없이 스스로 존속할 수 있는 스카이넷은 이제 인간을 불필요한 존재로 여기고 제거하려 하며, 약한 존재인 인간은 강한 존재인 기계의 공격에 저항합니다. 영화는 이처럼 기술과 인간이 공존하지 못하는 극단적인 미래를 묘사하는데, 이런 상황은 그간 우리가 기계와 기술에 대해 생각해 온 일반적인 생각과 전혀 다른 것이었습니다.

우리는 흔히 기술을 인간이 자신의 목적을 달성하기 위해 사용하는 수단이나 도구쯤으로 생각합니다. 그래서 기술이 늘 우리의 통제 아래 놓여 있어 우리의 의도에 따라 그것의 용도나 가치가 결정된다고 믿습니다. 예를 들어, 사용하는 사람에 따라 칼은 요리 도구가 될 수도 있고 무기가 될 수도 있는 것입니다. 그런데 이 영화는 이 생각과 정반대의 모습을 그려냅니다. 기술과 기술문명이 인간의 통제를 벗어난다면 인간은 어떻게 될까요? 이 영화는 물론 허구적 상상에 기초한 공상과학 영화입니다. 그러면 이 영화가 던지는 화두도 그저 공상이 아닐까요? 우리는 이러한 물음이나 가정이 필요 없이 지금까지 그래왔듯 기술을 잘 다루고 쓰면서 편리하게 살지 않을까요? 물론 그럴 수도 있을 것입니다. 그런데 최근 이 물음이 다시 제기되고 있습니다. 인공지능과 관련해서죠.

2024년 캐나다 토론토 대학교의 제프리 힌튼(Geoffrey E. Hinton) 교수는 인공신경망에 관한 연구로 노벨 물리학상을 공동 수상했습니다. 그는 동시에 구글 부사장을 역임하며 인공지능 학습 분야에 크게 공헌했습니다만, 놀랍게도 노벨상 수상 1년 전에 구글과 결별했습니다. 인공지능의 위험성에 대한 견해 차이 때문이었습니다. 힌튼 교수는 인공지능이 인간의 능력을 넘어서는 것은 위험하다고 경고합니다. 그는 수상 이후 한 인터뷰에서 인공지능 기술 변화의 빠른 속도를 언급하면서, 인공지능으로 인해 향후 30년 안에 인류가 멸종할 가능성이 10~20%에 이른다고 진단하기도 했습니다. 생각하고 싶지 않은 끔찍한 미래입니다.

제프리 힌튼 교수의 말이 맞을지는 아직 알 수 없습니다. 하지만 인공지능 분야의 정점에 있는 전문가의 주장은 <터미네이터>가 보여준 기술 통제 불가능성이 단지 영화적 상상만은 아닐 수도 있음을 시사합니다. 인공지능은 그저 우리가 사용하는 똑똑한 도구일 뿐일까요? 아니면 인간의 미래를 위협하는 통제되지 않는 기술일까요? 이것은 우리가 인공지능과 잘 어울려 살기 위해 반드시 던져야 할 질문입니다. 이 논의를 다음 글들을 통해 진행하도록 합시다.

Ⅱ. 다음 글을 읽고 생각해 봅시다.

A)

인류의 역사를 서술할 때, 우리는 흔히 석기시대, 청동기시대, 철기시대 등의 표현을 사용한다. 이렇게 표현하는 이유는 인류가 살아온 시대의 특성을 가장 잘 나타내는 것이 석기, 청동기, 철기 등이기 때문이다. 그런데 이 표현에서 흥미로운 것은 시대의 특성을 나타내기 위해 사용되고 있는 석기, 청동기, 철기 등이 모두 도구라는 점이다. 미국의 유명한 미디어 이론가였던 닐 포스트먼(Neil Postman, 1931~2003)은 그의 책 『테크노폴리(Technopoly)』에서 이러한 표현이 인간과 기술 간의 밀접한 관계를 잘 보여주는 예라고 말하기도 했다. 도구를 통해 인류 역사가 표현되니 말이다. 기술을 빼놓고 인간과 세계 그리고 역사를 이해하는 것이 과연 가능할까?

그렇지만 기술과 인간의 관계가 늘 평화로웠던 것은 아니다. 특히 산업혁명 이후 펼쳐진 기계문명 속에서 인간은 기술과 계속 대립해 왔다. 기술 발전이 가져온 여러 편리와 풍요의 반대급부로, 높은 생산력을 갖춘 기계는 인간의 일자리를 위협했다. 그리고 인간은 이 위협에서 벗어나기 위해 부단히 노력해야만 했다. 1차 산업혁명 당시 노동자들이 자신의 일자리를 빼앗는 기계를 파괴한 러다이트 운동도 이러한 노력의 일환이었다. <u>(a)그러나 이러한 파괴적인 방법의 효과는 크지 않았다.</u> 오히려 이 위협에서 벗어날 수 있는 조건은 인간이 기계에 대한 통제 능력을 갖추고 유지하는 것이었다. 인간 없이 기계만으로 이룰 수 있는 것은 없었기 때문이다.

기술에 대한 인간 통제력의 원천은 지적 능력, 즉 지능[1]이다. 자연의 다른 여러 생명체와 비교하여 신체적으로 뛰어나지 못한 인간이 살아남을 수 있었던 가장 큰 장점이자 능력이 바로 높은 지능이었다. 다행히도 인간은 지구 생명체의 진화 과정에서 자신보다 더 지적인 존재를 만나지도 않았다. 이러한 까닭에 인간은 자연을 능숙하게 통제할 수 있었다. 지구상에서 벌어진 진화 과정에서 이와 반대되는 사례를 우리는 찾아보기 어렵다.

그러나 이제 인간은 새로운 경험에 직면하게 될 것으로 보인다. 처음으로 인간보다 더 지적인 존재를 만날 가능성이 점점 커지고 있기 때문이다. 세

1) 지능(intelligence)은 상황에 따른 적응과 분석, 새로운 지식을 습득하는데 필요한 학습과 이해력, 당면한 문제를 이해하고 해결하는 문제 이해력 및 해결력 등 인간의 정신이 갖추고 있는 능력을 의미하는 용어이다.

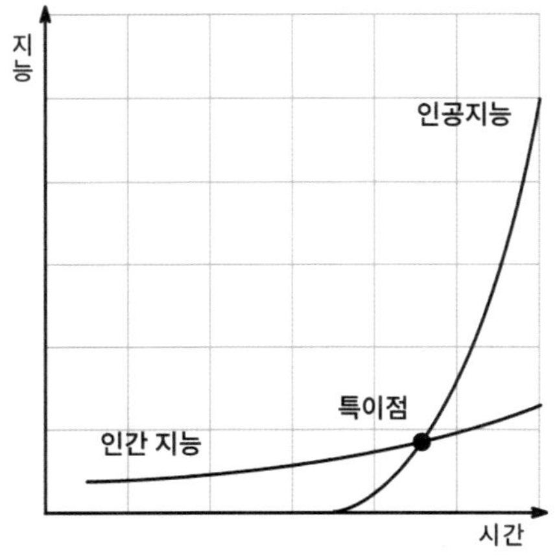

계적인 미래학자이자 컴퓨터 과학자인 레이 커즈와일(Ray Kurzweil)에 따르면, 인간 지능의 진화 속도보다 인공지능으로 대표되는 기계 지능의 진화 속도가 비교할 수 없을 정도로 빠르게 진행되고 있으며, 이러한 속도 차이로 인하여 인공지능은 인간 지능을 곧 따라잡게 될 것이라고 한다. 이렇게 두 지능이 교차하게 될 지점을 커즈와일은 (b)'특이점(singularity)'이라 부른다. 이 특이점에서 인간과 인공지능의 지적 능력은 같아진다. 다시 말해 인간이 할 수 있는 지적 활동 모두를 인공지능도 할 수 있게 된다는 것이다. 이 수준의 인공지능을 흔히 '범용인공지능(AGI, Artificial General Intelligence)'이라 부른다. 그리고 (c)이 지점은 인공지능 기술이 도달하고자 한 일종의 지향점이었다. 그렇지만 이제 범용인공지능은 더 이상 빅테크 기업의 지향점이 아니다. 오히려 더 높은 수준과 단계를 이들 기업은 목표로 설정하고 있다. '초지능(Super Intelligence)'이라 불리는 이 인공지능은 인간만큼이 아니라 인간보다 더 높은 지능을 갖출 것으로 기대된다. 대표적인 빅테크기업 중 하나인 OpenAI의 CEO 샘 올트먼(Sam H. Altman)은 자신의 회사가 이미 범용인공지능을 구축하는 법을 알고 있으며, 이제 인간 수준을 넘어서는 초지능을 지향하고 있다고 밝히기도 했다. 이것이 실현된다면 우리는 최초로 인간보다 지적으로 뛰어난 존재와 마주하게 될 것이다.

이러한 기술 발전에 따른 편리와 풍요를 기대할 수 있다. 그렇지만 그와 동시에 그 상황은 기술문명 안에서 살아가고 있는 인간에게 심각한 위협이 될 수도 있다. 그간의 기계는 스스로 의사결정을 할 수 없었다. 그 역할은 인간의 몫이었다. 인간은 자신의 뛰어난 지능을 활용해 기계가 어떻게 작동할 것인지에 대한 의사결정을 내려 실행하도록 해왔다. 이것이 우리가 기계를 통제할 수 있는 근본 조건이다. 그런데 인간보다 뛰어난 지능을 가진 존재가 나타난다면 어떨까? 그와 같은 의사결정을 그 존재도 할 수 있지 않을까? 그리고 그것이 더 똑똑하다면, 그 의사결정 또한 인간보다 그것이 더 잘하지 않을까? 그렇게 된다면, 그간 인간의 몫이었던 의사결정을 그 존재가 대신할 수 있지 않을까? (d)더 뛰어난 지능을 갖춘 존재는 더 높은 의사결정 능력이 있다고 간주할 수 있으니 말이다.

인공지능이 탑재된 자율주행 자동차처럼, 기계가 초지능을 갖게 된다면, 기계의 작동은 그것 스스로 결정하게 될 것이다. 그 경우 인간이 기계를 통제해야 할 이유는 없어질 것이며, 그만큼 인간의 필요성도 줄어들게 될 것이다. 예를 들어 완전한 자율주행이 가능해진다면 인간이 차를 통제하는 운전을 할 필요가 없어지고, 운전사도 필요하지 않게 될 것처럼 말이다. 물론 이것은 아직 예측 단계일 뿐이다. 그렇지만 최근의 기술적 성과는 이러한 상황이 조만간 도래할 것임을 강하게 시사하고 있다.

최근 출시된 OpenAI의 추론 모델 o3는 코딩 능력을 평가하는 코드포스에서 2,727점을 획득했다. 그런데 이 점수는 이 모델의 개발사인 OpenAI의 연구 담당 수석 부사장인 마크 첸(Mark Chen)의 기록 2,500점보다 높은 것이었다. 이러한 추세 속에서 NVIDIA의 CEO 젠슨 황(Jensen Huang)이 한 회의에서 뛰어난 코딩 능력을 갖춘 추론 모델의 등장으로 더 이상 아이들에게 코딩을 가르칠 필요가 없다고 한 발언은 매우 의미심장하게 들린다. 이것은 코딩과 관련한 일자리에서, 특히 개발자가 반길 이야기는 아닐 것이다. 향후 인공지능이 적용될 분야는 점점 더 확대될 것이며, 산업생산 영역에서는 더욱 그러할 것이다. 이러한 점에서 인공지능은 (e)인간의 필요성을 위협할 수 있다.

내용 이해하기

* 글을 읽고 다음의 질문에 답해봅시다.

1. 밑줄 친 (a)의 “파괴적인 방법의 효과는 크지 않았다.”의 이유가 무엇인지 알아봅시다.

2. (c)의 ‘범용인공지능이 더 이상 인공지능 기술의 지향점’이 아니게 된 상황을 (b)의 ‘특이점’의 의미를 활용해서 설명하도록 합시다.

3. (d)의 “더 뛰어난 지능을 가진 존재가 더 높은 의사결정 능력이 있다.”라는 말의 근거가 무엇인지 글 안에서 찾아봅시다.

4. (e)의 ‘인간의 필요성’이 의미하는 것은 무엇인지 글에서 찾아봅시다.

5. 이제 이해된 내용을 토대로 아래 서식을 이용하여 이 글을 요약해 보도록 합시다.

논의 주제	인공지능은 인간의 일자리를 위협하는가?
세부 내용 (근거와 세부근거)	1. 기계 문명 내에서 인간의 ( )는 기계 기술에 대한 인간의 통제력에 기초한다.
	2. 인간의 통제 가능성은 다른 존재보다 우수한 인간의 ( )에 근거한다.
	2.1. 인류는 자신보다 더 똑똑한 존재를 상대해본 적이 없다. 2.2. 인간이 거대 동물을 포함하여 자연을 ( )할 수 있게 된 것은 인간의 ( )이 우수했기 때문이다. 2.3. 더 지적인 존재가 덜 똑똑한 존재에 의해 ( )되는 사례는 찾아보기 어렵다.
	3. 인간보다 지적으로 뛰어난 인공지능의 출현이 가능하다.
	3.1. 기계 지능의 진화 속도는 인간 지능의 그것과 비교할 수 없을 정도로 ( ) 진행되고 있다. 3.2. 범용인공지능은 더 이상 인공지능 기술의 지향점이 아니다. 3.2.1. 범용인공지능은 ( ) 지적 능력을 갖춘 인공지능을 말한다. 3.2.2. 범용인공지능 이상의 인공지능인 ( )은 인간보다 더 높은 지적 능력을 갖춘다. 3.2.3. 샘 올트먼 OpenAI CEO에 따르면, OpenAI 범용인공지능을 구축하는 법을 알고 있으며, 이제 인간 수준을 넘어서는 ( )을 지향하고 있다.
	4. 기계 지능인 인공지능에 대한 통제가 어려워진다면, 인간의 ( )도 위협받을 수 있다.
	4.1. ( )에 의해 발휘되는 인간의 ( )은 기계 기술을 ( )하는 데 인간이 필요하다는 사실을 뒷받침하는 근거다.

	4.2. 인간보다 뛰어난 (　　　　)을 가진 존재는 인간보다 더 높은 (　　　　)이 있다고 간주할 수 있다. 4.3. 인간보다 더 높은 (　　　　)을 갖춘 기계는 인간의 (　　　　)를 벗어날 것이며, 이에 따라 인간의 필요성도 낮아진다. 4.3.1. 최근 등장한 인공지능 추론 모델은 최고 수준의 인간보다 더 높은 (　　　　)능력을 갖추었으며, 인간이 (　　　　)할 필요성을 낮춘다. 4.3.2. 인공지능이 산업생산 영역에 더 많이 적용된다면 인간의 (　　　　)은 점차 줄어들 수 있다.
주장	한 문장 작성 :
글 요약	(논의 주제와 세부 내용을 연결하여 하나의 글로 작성)

해석하기

1. 20세기 중반, 앨런 튜링(Alan M. Turing, 1912~1954)은 인간이 생각하는 능력으로 수행한 결과와 기계가 같은 작업을 한 결과를 구분할 수 없다면, 기계도 사고(思考)한다고 인정해야 함을 주장하였습니다. 이것이 그 유명한 '튜링 테스트(Turing Test)'입니다. 만일 기계가 이 테스트를 통과한다면, 사고하는 능력은 인간만의 전유물일 수 없는 것이죠. 그런데 오랜 시간이 흐르고 흥미로운 사건이 발생하였습니다. 2016년 니혼게이자이 신문(日本經濟新聞)이 주최한 '호시 신이치(星新一) SF 문학상' 공모전에서 인공지능이 쓴 단편소설이 1차 심사를 통과하였고, 공립 하코다테 미래대학(公立はこだて未来大学)의 마쓰바라 히토시(松原仁) 교수 연구팀은 딥러닝을 활용해서 창작한 4편의 소설을 공모전에 출품하여, 그중 <컴퓨터가 소설을 쓰는 날>이라는 작품이 예심을 통과한 것이죠. 여기서 심사위원들은 이 소설들이 인공지능이 작성한 결과라는 사실을 알지 못했습니다. 튜링 테스트의 관점에서 이 두 사건을 해석해 봅시다. 우리는 어떻게 해석할 수 있을까요? 그리고 이 해석에 동의할 수 있는지 동료들과 논의해 봅시다.

2. 인공지능을 연구하는 인문학자인 마크 코켈버그(Mark Coeckelbergh)는 기술과 인간의 대립, 그리고 기술에 의한 인간의 종말과 같은 생각이나 시나리오의 뿌리가 서구 문화의 역사에 있다고 말합니다.[2] 인간과 그가 만든 인간을 닮은 기계 간의 갈등과 대립이 그것입니다. 그가 든 예 중 하나는 메리 셸리(Mary W. Shelley, 1797~ 1851)의 『프랑켄슈타인』입니다. 여기서도 프랑켄슈타인과 그가 창조한 괴물 사이의 첨예한 갈등이 주를 이룹니다. 그렇다면 비서구 문화권의 경향은 어떨까요? 일본 만화영화 <아톰>, 혹시 이 만화영화를 모른다면 <도라에몽>을 『프랑켄슈타인』과 비교하여, 인간과 기계의 관계에 대한 문화적 차이에 대해 동료들과 논의해 봅시다.

2) 마크 코켈버그, 『AI윤리에 대한 모든 것』, 아카넷, 2023, 41쪽.

토론하기

(A)에서 우리는 인공지능이 인간의 일자리를 위협할 것이라는 주장과 근거를 살펴보았습니다. 이번에는 (B)를 읽어봅시다. (B)의 주장과 근거는 (A)의 그것과 어떤 차이가 있을까요?

(B)

인공지능 시대다. 인공지능은 산업생산에서 일상에 이르기까지 광범위하게 사용되는 보편 기술이 되고 있다. 그러나 이제 본격화 단계에 접어들고 있을 뿐이다. 진정한 본격화가 이루어질 이 시대의 미래는 어떤 모습일까? 여러 전망과 예측이 제시되고 있다. 지나친 낙관론도 문제지만, 지나친 비관론도 문제다. 특히 인공지능에 대한 오해에서 비롯된 비관론은 인공지능 기술의 활용과 발전을 저해할 수 있다는 점에서 더 유의해야 한다. 이 중 가장 흔하고 대표적인 오해는 인공지능에 의한 인간의 대체이다. 어떤 이는 이것이 공상과학영화를 너무 많이 본 결과라 힐난하기도 한다.

물론 인공지능이 무조건 긍정적 결과를 가져올 것이라 말할 수는 없다. 여러 부분에서 확인되듯이, 인공지능 도입으로 인간이 해 온 일이 일정 부분 줄어들기도 한다. 예를 들어 서빙 로봇은 식당의 서빙 일자리를 줄일 수 있다. 그러나 이러한 감소가 전반적인 인간의 '대체' 수준으로 확대되지는 않는다. 이 로봇이 고급 레스토랑의 웨이팅 스텝(waiting staff)을 대체할 수는 없다. 이러한 대체의 관념은 일종의 신화일 뿐이다. 특히 산업혁명 초기부터 이후의 과정에서 꾸준하게 확인되어 온 비약이다. 산업혁명의 과정에서 새로운 기술의 등장과 이에 따른 상품 제조 방식의 변화는 인간의 일자리 말소보다는 일자리의 변화로 이어졌다. 새로운 기술의 도입에 따라 사라지는 일자리가 생겼고, 실직자와 구직자들의 불안은 커졌다. 그렇지만 사라지는 일자리만큼, 새로운 기술은 새로운 일자리를 창출해 왔고, 우리는 그렇게 일자리 문제를 해결해 왔다.

인공지능도 다르지 않다. 스티븐 호킹(Stephen W. Hawking, 1942~2018), 닉 보스트롬(Nick Bostrom), 그리고 일론 머스크(Elon Musk) 등 세계적인 학자나 기업가가 인공지능의 위험성을 경고하기도 한다. 이들의 명성이나 전문성은 인간 대체론과 같은 비약에 큰 힘을 실어주기도 한다. 그러나 인공지능은 전지전능한 신이 아니다. 어떤 특정한 부분에서 대단한 기능과 성과를 산출하기도 하지만 그 부분에 한정된 기능과 성과일 뿐이다. 오히려 실제 기술 현장의 전문가들은 인공지능 기술이 인간을 위협할 수준이 아니라고 강하게 주장한다. 메타(Meta)의 인공지능 연구를 총괄하는 얀 르쿤(Yan LeCun) 뉴욕대 교수는 2023년에 인공지능이 개의 지능에도 이르지 못한다고 평가했다.

인공지능의 미래 전망에서 반드시 유의해야 할 것은 인공지능에 대한 정확한 이해이다. 이때 특히 유념해야 할 전제는 인공지능이 우리의 '도구'라는 것이다. 그간의 인류 역사에서 도구의 발명과 개선 그리고 바른 사용을 통해 더 나은 결과를 산출해 왔듯이, 우리는 새로운 도구인 인공지능을 활용하여 더 나은 일자리 환경을 조성해 나갈 수 있다. 최근 개발된 인공지능 모델들은 이 점을 잘 보여주는데, 특히 추론 기능을 갖춘 모델이 주목된다. 예를 들어 앤트로픽(Anthropic)의 클로드(Claude)나 OpenAI의 o3 모델의 코딩 능력은 기존의 개발자에 버금갈 정도로 평가받고 있다. 그렇다면 이러한 인공지능이 개발자를 대체하고 있는가? 현장의 상황은 전혀 다르다. 지금까지 이러한 인공지능 모델이 개발자의 자리를 위협하고 있다는 소식은 들려오지 않는다. 오히려 현장에서는 이 모형들이 개발자들의 능력 향상에 도움이 될 것이며, 이로써 더 나은 작업 환경과 더 큰 보수를 가능케 할 것이라는 전망이 지배적이다. 도구에 대한 불명확한 우려나 비약보다는 도구의 기능을 효율적이고 효과적으로 사용하는 것이 더 중요해진 우리 시대다.

설사 인간보다 더 똑똑한 인공지능이 출현해도 이 점은 달라지지 않을 것이다. 최근 빅테크기업들이 초지능 개발에 나서고 있는 것처럼, 인간보다 높은 지능을 가진 인공지능의 개발 가능성은 커졌다. 그러나 그러한 인공지능을 개발하더라도 인간이 인공지능으로 대체되지는 않는다. 만일 나의 비서가 나보다 똑똑하다 해서, 비서가 나를 대체할 것인가? 절대 그렇지 않다. 오히려 나는 나보다 똑똑한 비서를 둔 유리한 상황에 있을 뿐이다. 이 경우 중요한 것은 그 비서를 내치는 것이 아니라 어떻게 하면 더 잘 활용할 수 있을까를 생각하는 것이며, 이를 통해 더 많은 기회를 만들어 내는 것이다.

---

* (B) 글을 비판적으로 검토하고 자신의 의견을 정리해 주시기 바랍니다. 각자 정리된 생각을 바탕으로 교수자 및 동료들과 의견을 나누어봅시다. 바로 토론에 들어가기 어렵다면 다음의 템플릿을 활용하시기 바랍니다.

1) 각자 다음 서식을 사용하여 내용을 정리한 후, 동료들과 토의해봅시다.

'전제' 정리	이유 제시
① (A) 글이 당연하게 여기고 있는 '전제'는 무엇일까요.	그 내용을 전제로 본 이유를 설명하세요.
→	→
② (B) 글이 전제하고 있는 것을 써 보세요.	그 내용을 전제로 본 이유를 설명하세요.
→	→

③ 두 전제 간의 차이점을 써보세요.	두 전제 중 선호하는 전제를 선택하고 그 이유를 설명하세요.
➜	➜

2) 각자 작성한 ①~③의 내용 토의 과정에서 다음의 서식을 각자 작성해보도록 합시다. 단, 토의 전에 작성 서식 항목을 확인하시기 바랍니다.

자신의 분석과 설명보다 장점이 있는 분석과 설명 판단	
장점을 발견하지 못한 경우	장점을 발견한 경우
판단 이유 제시	↓
	동료 의견 수용을 통한 자신의 의견 수정·보완
➜	➜
↓	
자기 입장 유지	

3) 마지막으로 팀별 토의를 통해 다음 서식을 작성하도록 합시다. 단, 팀은 같은 입장을 가진 사람끼리 구성하고, 토론은 입장이 다른 팀과 진행합니다.

토론 주제
인공지능은 인간의 일자리를 위협하는가?
주장(논지) (한 문장으로 주제에 관한 조의 입장을 쓰세요.)

NOTE

<table>
<tr><td rowspan="4">찬성측 입론
(입론을 구성하는 근거는 왼쪽 칸에 1~2문장으로 쓰고, 이 근거의 핵심 내용은 오른쪽 칸에 구체적으로 작성하세요. 그리고 입론 발표할 때, 작성된 내용을 그냥 읽는 방식이 아니라 상대 토론자가 내용을 정확히 이해할 수 있도록 예의 바르고 상세하게 근거와 내용을 발표하세요.)</td><td>찬성측 입론[3]</td></tr>
<tr><td>1. (찬성측 1번)</td></tr>
<tr><td>2. (찬성측 2번)</td></tr>
<tr><td>3. (찬성측 3번)</td></tr>
</table>

3) **'입론'**은 논제에 관한 찬성 혹은 반대 입장이 옳다는 것을 증명(정당화)하는 과정이면서 동시에 그 내용이기도 합니다. 따라서 입론은 찬성과 반대 각 입장의 옳음을 입증할 수 있는 근거로서의 세부 주장과 이 세부 주장의 근거(이유)로 구성됩니다. 찬성측과 반대측 모두 각자의 입론을

입론의 구체적 내용

토대로 토론에 참여하기 때문에, 입론은 찬성측과 반대측이 전투를 위해 서로 세운 전초기지와 같습니다. 이 기지가 튼튼하게 만들어져야 토론도 잘 할 수 있으며, 이에 입론을 구성하는 내용을 명확하면서도 설득력이 크도록 작성해야 합니다.

반대측 질문과 반론	반대측 질문과 반론[4]
반대측 질문과 반론 (찬성측 입론을 들으면서 미리 작성해야 합니다. 필요한 경우 작성을 위한 작전 시간 요청이 가능합니다. 질문과 반론의 내용은 입론에 활용될 수 있으니, 질문을 통해 무엇을 얻고, 이렇게 얻은 것을 효과적으로 반론으로 연결할 방안을 생각하세요.)	1. (찬성측 1번에 대해 반대측 4번)
	2. (찬성측 2번에 대해 반대측 5번)
	3. (찬성측 3번에 대해 반대측 6번)

4) **'질문과 반론'**은 상대측의 입론을 약화하여, 자신의 입론을 강화하기 위한 전략적 과정이다. 따라서 질문과 반론은 단지 궁금함을 해소하기 위한 과정이 아니라, 주로 상대측의 입론 중 약점이나 그 약점과 관련하여 명확히 내용을 확정하기 위한 과정이다. 예를 들어, 상대측의 입론 발표 중 어떤 내용을 언급하면서, 그렇게 발표한 것이 맞는지, 그리고 그 발표 내용을 이렇게 이

질문의 요지와 반론 이유 설명

해할 수 있는 것인지를 물어 내용을 확정하고, 그렇게 확정된 내용이 갖는 문제점을 반론으로 제시하여, 청중이 상대측의 입론 내용만 듣고 판단하는 것을 유보토록 하는 것이다. 그리고 이 문제점은 추후 자신측의 입론 과정에서 활용할 수 있다. 이를 위해 '질문과 반론'을 시작하기 전, 내용 정리를 위한 작전 시간을 가질 수 있다.

	반대측 입론
반대측 입론 (입론을 구성하는 근거는 왼쪽 칸에 1~2문장으로 쓰고, 이 근거의 핵심 내용은 오른쪽 칸에 구체적으로 작성하세요. 그리고 입론 발표할 때, 작성된 내용을 그냥 읽는 방식이 아니라 상대 토론자가 내용을 정확히 이해할 수 있도록 예의 바르고 상세하게 근거와 내용을 발표하도록 하세요.)	1. (반대측 1번)
	2. (반대측 2번)
	3. (반대측 3번)

구체적 내용

찬성측 질문과 반박 (반대측 입론을 들으면서 미리 작성해야 합니다. 필요한 경우 작성을 위한 작전 시간 요청이 가능합니다. 질문과 반론의 내용은 입론에 활용될 수 있으니, 질문을 통해 무엇을 얻고, 이렇게 얻은 것을 효과적으로 반론으로 연결할 방안을 생각하세요.)	찬성측 질문과 반박
	1. (반대측 1번에 대해 찬성측 4번)
	2. (반대측 2번에 대해 찬성측 5번)
	3. (반대측 3번에 대해 찬성측 6번)

구체적 내용

자유토론[5]	(찬성측 · 반대측 한 번씩 번갈아 진행)
주장 재확인 혹은 수정	(주장이 유지 혹은 수정된 이유 작성)

5) **'자유토론'**은 앞서 진행된 토론과 달리 별도의 형식을 갖추지 않는 토론입니다. 그렇다고 아무렇게나 진행되어서는 안 됩니다. 앞의 형식적 토론이 반대측의 입론에 관한 찬성측의 <질문과 반박>으로 끝났기 때문에, 자유토론은 **반대측에서 시작**합니다. 구성원 간 특정한 발표 순서는 없으며, 누구라도 발언을 할 수 있습니다. 그리고 반대측 발언 후, 찬성측 발언이 같은 방식으로 이어집니다. 기본 원칙은 각 측 구성원 한 명씩 돌아가며 발표하며, 제한된 시간 내에 마치면 됩니다. 자유토론의 내용도 차후 글쓰기에 활용되기 때문에, 각자 중요한 내용은 <자유토론> 작성란에 기록해두고 글쓰기에 활용하기 바랍니다.

절취선

글쓰기

* (A)와 (B)의 요약 내용과 토론 내용을 자료로, '인공지능은 인간의 일자리를 위협하는가?'에 관한 자신의 입장을 설득력 높은 글로 완성하세요. 다음 서식을 활용하여 글을 쓰세요.

주차 과제 학과 : 학번 : 성명 :

I. 도입(- 글에서 다루는 논제(주제)와 그 논제가 다루어져야 하는 중요성을 제시하세요)

II. 본론

1. 입장 선택 기준 제시(- 논제와 관련하여 설득력을 높일 수 있는 기준 및 이를 위해 필요한 정보를 제시하세요.)

2. 선택한 입장(주장)과 그 입장이 옳은 이유(근거) 제시(- 본인이 선택한 입장을 명확히 쓰고, 선택한 입장이 옳은 이유(근거)를 제시문과 토론 내용을 활용하여 체계적으로, 예를 들어 '핵심근거 - 세부근거 - 사례' 순으로 쓰세요.)

3. 가능한 반론 제시(- 내가 선택한 입장에 대하여 제기될 수 있는 반론을 제시문과 토론 내용을 활용하여 체계적으로, 예를 들어 '반론의 핵심 근거 – 세부 근거 - '사례' 순으로 쓰세요.)

절취선

4. 제기된 반론에 대한 재반론(- 토론 내용을 활용하여, 제기된 반론의 핵심 근거를 반박하여 재반론하고, 이를 통해 자신이 선택한 입장의 정당성을 부각할 수 있도록 쓰세요.)

III. 마무리(- 본론의 핵심을 정리 · 요약하고, 자신의 입장에서 관련 사안이 향후 어떻게 전개될 것인지 전망하는 내용이나 함축점을 추가하세요).

참고문헌

김종규 · 반성택, 『4차산업혁명의 도전 인문학의 응전』, 학고방, 2020.

Arnold Gehlen, *Anthropologische Forschung*, Rowohlt, 1974.

Neil Postman, *Technopoly : the surrender of culture to technology*, Vintage Books-a division of Random House, 1993.

Ray Kurzweil, *The singularity is nearer : when we merge with Al*, Viking, 2024.

「"사고력은 로봇이 못 따라온다고?"…추론 능력마저 인간 넘은 AI의 정체는」, 『매일경제신문』 2024.12.23 https://www.mk.co.kr/news/world/11201007

「오픈AI CEO "AGI 구축 방법 안다...이제는 '초지능' 개발이 목표"」, 『매일경제신문』 2025.01.07. https://www.mk.co.kr/news/it/11211709

데미스 허사비스

다보스 포럼 2026

일론 머스크

Chapter 2

정의와 공정성

Ⅰ. 글 안내 : 누가 무엇을 얼마만큼 가져가야 할까요

쌍둥이를 키우는 친구를 괴롭히는 가장 손쉬운 방법은 그 아이들에게 서로 다르게 생긴 선물 한 쌍을 선물해 주는 것입니다. 예를 들어, 피카츄와 이브이 인형 한 쌍을 선물해 주면 두 아이는 거의 반드시 서로 피카츄를 가지겠다고 싸우거나 이브이를 차지하겠다고 싸우게 됩니다. 아이들의 싸움에 지친 부모는 결국 똑같이 생긴 인형들을 더 사버리고 말 것입니다. 필자의 경험담입니다.

한 공동체를 구성하는 여러 사람이 서로 다른 정도의 보상을 받을 때, 이러한 차이는 어떻게든 정당화되어야 합니다. 그렇지 않으면 반드시 원망이 싹트고 싸움이 생겨서 심한 경우 공동체 자체가 무너질 수 있으니까요. 무언가를 공평하고 공정하게 나누어야 한다는 생각은 이처럼 매우 원초적이고 감정적인 문제입니다. 원초적이고 감정적인 문제에 관하여 나와 의견을 달리하는 사람들과 이야기를 나누는 것은 어려운 일입니다. 그렇다고 이런 이야기를 평생 회피하고 살 수는 없습니다. 인생은 생각보다 길기에 여러분은 언젠가 한 번쯤은 반드시 피할 수 없는 골목에서 이 주제를 놓고 누군가와 말을 나누게 될 것입니다. 이번 챕터는 그런 날을 대비한 예행연습입니다.

정의와 공정성에 관해서는 세상에 좋은 글이 많이 나와 있습니다. 글이 많다 보니 다루는 범위 또한 무척 넓습니다. 그 넓은 범위를 이 작은 챕터 안에 모두 담기 어려우므로 근래에 세간의 관심을 끌었던 능력주의(Meritocracy)를 세부 주제로 삼아 지문을 구성했습니다. 처음 두 지문은 경제적 차원에서의 능력주의를, 다음 두 지문은

더 정치적인 차원을 다루고 있습니다.

첫 번째, 두 번째, 그리고 네 번째 지문은 집필진이 작성했지만 세 번째 지문은 원저자가 따로 있습니다. 존 스튜어트 밀(John Stuart Mill, 1806~1873)은 19세기 영국의 철학자이자 정치인으로, 다른 무엇보다도 자유주의의 옹호자로 알려져 있습니다. 하원의원으로 활동하는 동안 여성을 포함한 모두의 투표권을 보장하는 완전한 보통 선거(universal suffrage)를 실현하기 위해 열심히 노력했고요. 하지만 그런 그조차도 더 유능한 사람에게 여러 표를 허용하고, 덜 유능하다고 여겨지는 사람에게는 1인 1표만 부여하자고 주장했습니다.

이 도발적인 아이디어 앞에서 우리는 민주적 참여에 있어서 과연 참여자의 '능력'을 얼마나 고려해야 하는지 생각해 보게 됩니다. 당장 이번 학기 성적을 기반으로 평점 4.0 이상인 학생들은 총학생회 선거에서 1인 100표를 행사하고 그 미만인 학생들은 1표만 행사하자고 누군가가 주장한다면 여러분들 상당수는 마음이 불편해질 것입니다.

이 불편한 감각은 앞서 말한 것처럼 매우 원초적이고 감정적입니다. 뜨거운 주제를 두고 타인과 소통하려 할 때는 명랑하고 시원한 마음을 유지하는 것이 도움이 됩니다. 즐거운 연습이 되기를 기대하며 글 안내를 마칩니다.

Ⅱ. 다음 글을 읽고 생각해 봅시다

(A)

<딜미터기를 도입하라>

유명 MMORPG 게임 커뮤니티에서는 종종 딜미터기(DPS Meter, 혹은 Damage Meter) 도입을 두고 논쟁이 벌어진다. 딜미터기란, 여러 유저가 동시에 접속하여 협력하는 게임에서 적을 사냥하려 할 적에 어떤 유저가 얼마만큼의 데미지를 입혔는지를 객관적으로 기록하고 표시해 주는 기능을 말한다. 딜미터기가 있는 게임의 경우 사냥에 실패했을 때 누구 탓인지 파악하기 쉽다. 어떤 유저는 적에게 충분한 데미지를 입혔는데 다른 유저는 그렇게 하지 못했으면 후자가 실패를 책임져야 한다. 도입을 찬성하는 사람들은 이것이 충분한 능력을 갖춘 사람들이 영문도 모른 채 같은 미션을 수십 번 실패해야 하는 고통을 미연에 방지해준다고 주장한다. 자신은 할 수 있는 모든 것을 다 했는데 동료 중 누군가의 미흡함이나 게으름으로 인해 파티 전체가 미션에 실패하는 것은 공정하고 정의로운 결과가 아니다.

딜미터기 도입을 반대하는 사람들은 이것이 상대적 유능력자의 자만심에 날개를 달아주고 상대적 무능력자의 열패감을 가중토록 하며, 나아가 능력이 부족한 유저들을 향한 집단 괴롭힘을 조장할 것이라고 걱정한다. 이들은 능력이 가장 부족한 사람이 괴로움을 견디지 못하고 게임에서 완전히 떠나버리면 그다음으로 부족한 사람이 이어서 떠날 것이고, 이러한 연쇄적 유저 이탈은 게임 전체가 인구감소로 망할 때까지 멈추지 않을 것으로 생각한다.

딜미터기 논란은 곧 능력주의 논란이다. 게임에서는 특정 능력을 기준으로 사람들을 줄 세우는 것이 가능하다. 현실에서 역시 이런 줄 세우기가 가능하다고 할 때 우리에게 가능한 선택은 둘 중 하나이다. 줄을 세워서 유능력자에게 큰 보상을 안겨주고 무능력자에게 페널티를 주는 것이 능력주의자의 정의이다. 무능력자가 느낄 수치심이 걱정되므로 줄을 세우지 말자는 것이 반-능력주의자의 소견이다.

능력주의 원칙을 옹호하는 자라면 이토록 정당하고 올바른 원칙의 적용을 막아야 할 정도로 문제의 '굴욕감과 수치심'이란 것이 중요하냐고 되물을 것이다. 능력이 부족한 사람이 느낄 수치심이 우려된다는 이유로, 예컨대, 추첨을 통해 비행기 파일럿을 뽑고 수술실의 외과 의사를 뽑아야 할까? 나는 매일 두 차례 삼호교를 통해 태화강을 건너 출퇴근하는데 이 다리를 만든 책임자가 추첨으로 뽑힌 사람이었기를 바라지 않는다. 만약 정말로 추첨으로 뽑힌 사람들이 만든 다리가 세상 어딘가에 존재한다면 누구도 기꺼이 그 다리 위로 차를 몰지 않을 것이다. 각각의 자리는 그 자리에 어울리는 능력을 요구한다. 능력 있는 사람이 능력이 필요한 일을 맡아야 한다는 것이 능력주의자의 정의(正義)이다.

반-능력주의자들은 늘 능력의 측정이 어렵다는 핑계를 댄다. 능력 같은 건 애초에 정확한 측정이 어려우니 이상하고 모호한 기준을 도입하자고 한다. 한번은 이런 일도 있었다. 2020년 8월 24일에 보건복지부에서 발표한 자료에는 당시 설립을 준비 중이던 이른바 '공공 의대'에 시민사회단체에서 추천한 학생이 입학할 수 있게 한다는 내용이 들어있었다. 수능점수도 내신 점수도 아닌 시민단체의 추천이 입학을 좌우한다는 소식은 발표 즉시 맹렬히 비난받았다. 수능점수와 내신 점수라는 객관적인 '덜미터기'를 폐지하고 애매하기 짝이 없는 추천제를 도입하겠다는 말은 마치 고의로 능력 측정의 기준을 불분명하게 만들겠다는 소리처럼 들렸기 때문이다. 능력 측정의 기준이 불분명해지면 능력이 부족한 사람들이 기뻐한다. 그래서 사람들이 추천제에 붙여준 별명이 '음서제'였다.

진정으로 객관적이고 합리적인 기준을 세워서 능력주의의 이상을 현실에서 구현한 사례가 있다. 2024년 한국야구연맹(KBO)은 전격적으로 'ABS'(자동 투구 판정시스템) 도입을 결정했다. 전통적으로 야구에서 논란이 가장 많이 일어나는 지점이 바로 투수가 던진 공에 대한 스트라이크/볼 판정이다. 이론상 스트라이크와 볼을 가르는 기준은 명확하고 객관적이며 합리적이다. 다만 심판의 눈이 정확하지 못하기 때문에 모두를 만족시키는 일관성 있는 판정을 내리지 못할 뿐이다. 애매모호한 판정은 패자에게 좋은 변명거리가 되어주고(e.g. "오늘 우리 팀의 패배는 모두 심판 판정이 이상했기 때문이야.") 승자를 약간은 겸손하게 해줄지도 모른다(e.g. "휴, 오심 덕분에 이길 수 있었어!").

하지만 그런 사소한 이득에 비하면 인간 시력의 한계를 아득히 초월한 계측시스템의 정확한 판정이 가져다줄 편익이 훨씬 크다. 이 시스템이 도입되기 전에는 '오심도 경기의 일부'라는 말로 시스템의 도입에 반대하는 목소리가 있었으나 그 후 실제로 1년간 시스템을 사용해 보니 그런 목소리야말로 '오판'이었음이 확인되었다. 프로야구판 덜미터기의 도입은 판정을 둘러싼 소모적인 논란을 격감시켰고, 결과적으로 팬과 선수와 심판 모두를 더 행복하게 만들어 주었다. 이처럼 능력주의의 실천을 통해 긍정적인 결과를 얻은 사례들은 이루 다 나열하기 어려울 정도로 많을 것이다.

물론 능력주의 원칙이 완전무결할 수는 없다. 세상에 완벽한 것은 존재하지 않기 때문이다. 하지만 경쟁과 보상의 공정성과 효율성에 있어서 지금까지 알려진 것들 가운데 가장 훌륭한 원칙임이 분명하다. 능력주의를 대체할 만한 다른 원칙이 과연 있을지 모르겠다.

(B)

<과연 네 성공의 몇 퍼센트가 너의 능력 덕분인가?>

릴리-로즈 뎁(Lily-Rose M. Depp)은 미국의 유명 배우 조니 뎁(Johnny Depp)과 프랑스의 유명 가수이자 배우 바네사 빠라디(Vanessa Paradis) 사이에서 태어났다. 그녀는 부모의 명성에 힘입어 어린 나이에 스크린에 데뷔했으며 16세에 샤넬(Chanel)의 앰배서더[1])가 되었다. 그녀는 이후 톱모델로 여러 패션쇼에 등장하며 연예인의 삶을 살기 시작했다. 그렇지만 이른 나이에 성공을 경험한 그녀는 부모덕을 봤다는 비판을 받기도 했다. 뎁은 한 매체와의 인터뷰에서 이러한 공격은 부당하며 자신이 얼마나 애써 현재의 자리를 얻었는지 강조했다. “그냥 말도 안 돼요. 누군가의 엄마와 아빠가 의사이고 그 사람 본인도 의사가 되었다고 해보세요. 그 사람을 두고 ‘흠, 너는 네 부모가 의사라서 너도 의사일 뿐인 거잖아.’라고 하진 않겠죠. (그 사람은) ‘아냐, 나는 의대에 가서 트레이닝을 받았어’라고 하겠죠.”[2])

이탈리아 출신 톱모델 비토리아 세레티(Vittoria Ceretti)는 이 인터뷰를 읽자마자 자신의 SNS 계정을 통해 릴리-로즈 뎁을 비판했다. 그녀가 보기에 아무런 경력이 없는 10대 소녀가 샤넬 앰배서더로 데뷔한 것은 부모의 배경을 빼놓고는 상상할 수 없는 일이었다. 특히나 그 소녀가 신체적으로 패션모델을 하기에 부적합하다면 말이다. 뎁의 키는 165cm인데 이는 물론 런웨이를 걸어야 하는 패션모델치고는 작은 편이다. 반면에 세레티는 178cm의 큰 키와 강렬한 마스크의 소유자이다. 그녀는 14세의 나이로 이미 공개 오디션에서 두각을 나타낸 천부(天賦)적인 모델이다.

여론은 즉각 세레티와 뎁의 대립을 능력주의와 혈통주의의 대립으로 받아들였다. 세레티는 타고난 능력으로 자신의 목표를 성취한 이상적인 능력주의자이고 뎁은 자신의 무능력을 혈통의 힘으로 무마한 구시대의 귀족처럼 보였다. 자신이 부모덕에 샤넬의 모델이 된 것을 의사의 자식이 의사가 된 것으로 비유한 것은 뎁을 향한 여론을 악화시킬 뿐이었다. 하지만 뎁이 부모덕을 본 것이 사실이라고 해도 세레티의 타고난 키와 얼굴이 다 자기 노력으로 얻은 것이라고 할 수 있을까?

뎁이 부모에게서 물려받은 것을 우리는 사회자본(social capital)[3])이라고 부른다. 쉽게 말해서 부모의 인맥을 자녀가 물려받았다는 것이다. 세레티가 물려받은 것은 유전자이다. 한쪽은 인맥 금수저이고 다른 쪽은 유전자 금수저라는 정도의 차이가 있지만, 아무튼 금수저라는 측면에서

---

1) Ambassador : 국가 혹은 단체 이름을 붙이고 해당 국가나 관련 단체를 홍보하는 직책(홍보대사)을 뜻하는 용어이다.

2) https://www.elle.com/culture/celebrities/a41894075/0125-0141-an-idol-rising-december-2022

3) 성공적인 사회생활에 도움이 되는 여러 가지 누적된 인간관계들을 가리키는 개념으로 프랑스의 사회학자 피에르 부르디외(Pierre Bourdieu, 1930-2002)가 사용하면서 유행하게 되었다.

만큼은 양측이 같다. 인맥도 유전자도 애매한 정도로 물려받은 탓에 전문 모델의 문턱에서 좌절하고 분루를 삼켜야 했던 수많은 은수저의 눈에는 두 사람 다 '부모빨'로 성공한 것으로 보일 것이다. 이러한 사정을 모두 고려한다면 세레티가 당당하게 뎁을 비판하는 것이 과연 얼마나 적절한지 묻지 않을 수 없다.

심리학자 캐스린 하든(Kathryn P. Harden)은 이 모든 유전적 불평등을 '유전자 로또(Genetic Lottery)'라고 부른다. 그녀는 로또에 당첨된 사람들이 입에 물고 태어난 당첨 티켓을 본연의 우월성(Innate Superiority)으로 생각할 게 아니라 '운빨(luck)'로 간주해야 옳다고 주장한다. 이 성취를 온전히 자신의 것이라고 주장하기엔 유전자란 물건은 너무나도 명백히 냅다 주어진 것이기 때문이다. 우리는 모두 '운빨'의 산물이다. 심지어 (뎁이 말한 것처럼) 의대에 진학해 의사가 된 의사 부부 자녀의 경우조차 그렇다. 의사 부부의 자녀가 자동으로 의사가 될 리는 없겠지만, 그래도 운 좋게 그런 유전자를 타고난 아이는 다른 가정에서 태어나서 자란 아이들보다 의사가 될 가능성이 훨씬 클 것이다. 이를 누가 부정할 수 있을까.

가혹한 운명의 장난은 유전자 영역에만 국한되지 않는다. 미국 NBA의 전설 마이클 조던(Michael Jordan)은 타고난 농구 재능에 힘입어 이루 말할 수 없이 거대한 성공을 거두었다. 하지만 더 공정하게 평가하자면, 그가 그렇게 성공하기 위해서는 우선 농구라는 종목이 이 세상에 있어야만 했다. 농구가 없었다면 조던은 어떻게 되었을까. 실제로 그는 농구를 그만둔 뒤 도전한 야구에서 (더블A 기준) 통산 타율 0.202로 실패함으로써 야구를 할 만한 인재가 아니었음을 스스로 증명했다. 지금도 매우 희소한재능을 타고나서 비인기 종목에서 세계를 제패하는 선수들이 있다. 그들이 자기 분야에서 입증한 재능의 특별함이 조던의 농구 재능의 특별함보다 못하지 않을 것이다. 그렇지만 그들의 성공이 조던의 성공만큼 크지 않은 이유는 그저 그들의 종목이 조던의 종목보다 덜 유명하고 덜 인기 있어서일 뿐이다.

집단 수준으로 운이 좋은 사례도 있다. 1980년대 한국 경제는 이른바 '3저 호황'을 맞이하여 고도성장을 경험했다. 연평균 경제성장률은 10%를 웃돌았고 유가, 금리, 인플레와 환율은 모두 적절히 억제되었다. 1985년에 130포인트였던 코스피 지수는 4년 만에 무려 7배 넘게 상승하여 1,000포인트를 돌파했다. 각 기업은 투자와 일자리를 크게 늘려 젊은 사람들을 모셔가기 위해 안간힘을 썼다. 오늘날 한국의 성공한 기성세대는 대체로 이 시기에 성장하여 졸업하고 취직한 사람들이다. 그들 가운데 일부는 자신은 운이 좋았을 뿐이라고 겸허하게 말하지만 다른 일부는 운이 아니라 노력과 능력 덕분에 성공했노라고 자랑스럽게 말한다. 이들이 자신의 성공담을 능력주의적 언사로 포장하는 것은 오늘날 어려운 환경 속에서 취업을 위해 애쓰는 젊은 사람들의 상처에 소금을 뿌리는 일이 아닐까.

저술가 말콤 글래드웰(Malcolm Gladwell)이 자신의 책 『아웃라이어(Outliers)』에서 소개하면서 대중적으로 유명해진 학술 개념으로 '상대연령효과(Relative Age Effect)'라는 것이 있다. 캐나다의 프로 레벨 하키 선수들을 조사해 보면 1, 2, 3월에 태어난 선수들이 전체의 40%에 달한다고 한다. 생일과 하키 재능 사이에 어떤 마법적이고 주술적인 상관관계가 있어서 그런 것이 아니다. 캐나다 하키 유소년들은 연령별로 훈련받고 연습경기를 치른다. 이때 유소년 선수의 연령을 정하는 기준일이 1월 1일이기 때문에 1, 2, 3월생이 신체적으로나 정신적으로 10, 11, 12월생에 앞서기 쉽다. 이들은 연습 때나 경기 때 감독과 코치의 주목을 받기 쉽고 칭찬받는 경험도 더 많을 것이므로 자연스럽게 실력이 더 빠르게 성장하고 꿈도 커진다. 상당히 괜찮은 유전자를 타고나서 괜찮은 환경에서 하키 훈련을 받았지만 참으로 운수 사납게도 12월에 태어나는 바람에 프로의 꿈을 접었을 캐나다 젊은이들이 지금도 어딘가에서 평범한 삶을 살고 있을 것이다. 추춘(秋春)제로 운영되는 영국의 모든 스포츠 리그에서는 이 연령설정 기준일이 9월 1일이다. 이 시스템에서 성장한 유소년 중에는 9, 10, 11월생이 6, 7, 8월생보다 훨씬 많다. 문제의 12월생 캐나다 젊은이가 영국에서 태어났더라면 아마 운명이 바뀌었을 것이다.

자신의 성공이 자신의 우월한 능력 덕분이라고 여기는 것과 '운빨' 덕분이라고 여기는 것 사이에는 어떤 도덕적 차이가 있을까? 철학자 마이클 샌델(Michael Sandel)은 다른 건 둘째치고 우선 태도가 달라질 것이라고 주장한다. 샌델에 의하면 자신의 성공을 능력주의적으로 해석하는 순간 그 사람은 필연적으로 가슴속에 '능력주의자의 오만(Meritocratic Hubris)'을 품게 된다. 왜냐하면, '겸손함'이란 본래 자신의 성공이 자신의 것이 아님을 겸허히 인정하는 태도이기 때문이다.

딜미터기는 각각의 플레이어가 성취한 결과만을 수치화하여 보여줄 뿐 그 수치를 성취하기까지에 있어서 각 개인이 얻은 행운의 총량이 얼마인지는 숨겨놓고 보여주지 않는다. 그로 인해 많은 플레이어는 딜미터기가 보여주는 수치만 가지고 자신의 성취를 거만한 능력주의적 언사로 포장하고 상대적으로 수치가 낮은 사람들을 업신여기게 된다. 운이 좋았던 사람을 거만하게 만들고 불운했던 사람을 멸시하게 만드는 공동체는 행복한 공동체가 아니다. 그런 공동체로부터 '탈출'하려는 사람들이 줄을 잇지 않을까 우려된다.

내용 이해하기

* 글을 읽고 다음의 질문에 답해봅시다.

1. (A)와 (B)에서 가장 중요한 단어를 하나씩만 골라야 한다면 무엇을 고르시겠어요? 그 이유도 설명해 보세요.

2. (A)와 (B)의 핵심이라고 생각하는 문장을 하나 골라 밑줄을 그어보세요. 왜 그 문장을 골랐는지 설명해 보세요.

3. 이제 여러분이 선택한 단어와 문장으로 말을 만들면서(주먹 크기의 눈덩이를 굴려 눈사람 몸통을 만들듯이) 글을 요약해 보세요. 아래의 템플릿은 (A)를 요약한 것입니다. 요약하는 작업이 낯설고 어렵게 느껴진다면 이 템플릿을 사용해 보시기 바랍니다. 익숙해지면 (B)에 대해서도 비슷한 방법을 시도해 봅시다.

논의 주제	(　　　　　)는 정의롭고 훌륭한 원칙일 수 있는가?
세부 내용 (근거와 세부근거)	1. 집단을 구성하는 개인 능력을 (　　　　　)할 수 있다.
	1.1. MMORPG 게임에서 논의되고 있는 딜미터기는 게임에 참여하는 개인 유저의 기여도를 객관적이고 정확하게 (　　　　　)할 수 있다. 1.2. 이 경우 승패 모두에서 (　　　　　)된 기여도를 통해 개인의 능력치를 판단할 수 있다. 1.3. 우리는 시험 등 딜미터기와 유사한 사회적 (　　　　　)기준을 가지고 있다.
	2. 개인의 능력 (　　)은 사회에 필요하다.
	2.1. 개인의 (　　)은 공동체 전체의 성패에 영향을 미칠 수 있다. 2.2. 실패의 경우 개인의 (　　　)은 전체의 피해로 귀결되며, 성공의 경우 (　　　)한 개인도 성공의 보상을 (　　　) 누리게 된다. 2.3. 이것은 한 사회의 공정하고 정의로운 상벌의 결과가 아니며, 이를 위해 개인 능력의 (　　)은 필요하다.
	3. (　　　　　)에 따른 상벌을 추구하는 능력주의는 사회적 효용이 크다.
	3.1. 능력주의를 통해 객관적이고 합리적 (　　　　　)에 따른 개인 (　　　　　)간의 (　　　　　)를 근거로 사회적 임무를 차등적으로 부여할 수 있다. 3.2. 능력에 따른 차등적 임무부여는 이미 우리의 현실이다. 3.2.1. 우리는 파일럿이나 의사 그리고 기술자를 (　　　　　)이 아닌 추첨으로 선발하는 것에 동의하지 않는다.

	3.2.2. ( )입학에 시민단체 ( )제도를 도입하려 한 보건복지부는 능력주의 원칙을 흐리게 만들었다는 비판을 받은 바 있다. 3.2.3. KBO는 ( )의 도입으로 ( ) 기준을 강화하여 논란을 줄였고 팬, 선수, 심판 모두를 만족시켰다.
	4. ( )가 완벽하지는 않지만, 인재 선발과 보상 체계를 유지하는 데 가장 현실적이며, 다른 어떤 원칙으로 대체될 수 없다.
	4.1. 능력주의가 ( )의 조장과 무능력자의 배제 등의 문제를 발생시킬 수도 있으나, 능력주의를 배제할 때 경쟁과 보상의 ( )과 효율성이 저하될 수 있다.
결론	( )는 정의로우며 우리 사회의 지배적 원칙이어야 한다.
글 요약	(논의 주제와 세부 내용을 연결하여 하나의 글로 작성)

해석하기

1. 위의 두 글의 입장은 중립적이지 않습니다. 어떠한 문제의식을 느끼고 그것을 해결할 방법을 우리에게 제시하고 있습니다. 두 글은 어떤 문제를 어떻게 해결하려고 하나요? 그 해결법은 설득력이 있나요? 소박하게나마 자신의 견해도 세워 동료들과 의견을 나눕시다. 이 과정에서 자연스레 해석의 관점을 얻을 수 있을 겁니다.

2. 지문 (A)와 (B)가 서로 다른 주장을 하는 것처럼 보이지만, 두 지문이 공통으로 긍정하는 내용이 있을지도 모릅니다. 그런 내용이 있는지 생각해 보고 말해봅시다.

토론하기

(A)와 (B)는 주로 경제적인 보상을 중심으로 이야기를 전개합니다. 그런데 우리가 살면서 나누어야 할 희소한 재화가 돈만 있는 것은 아닙니다. 정치권력을 어떻게 분배할지 역시 매우 중요한 문제입니다. 아래 두 지문에서 뭐라고 주장하는지 살펴봅시다.

(C)

어떤 한 사람의 의견을 다른 여러 사람의 의견보다 더 가치 있게 여길 수 있는 유일하게 정당한 이유는 개인의 정신적 우월성(mental superiority)이고, 필요한 것은 그것을 대강이나마 확인하는 방법이다. 진정으로 전국적인 교육 시스템이나 신뢰할 수 있는 수준의 일반적인 시험 시스템이 존재한다면, (각 개인의) 교육 수준을 직접 시험해 볼 수 있을 것이다. 이러한 것들이 없는 상황에서는 그 사람의 직업이 어떠한가가 일종의 시금석이 될 수 있다. 고용주는 평균적으로 노동자보다 더 지적이다. 왜냐하면, 그는 손으로만 일하는 것이 아니라 머리로도 일해야 하기 때문이다. 작업반장은 평범한 노동자보다 대체로 더 지적이며, 숙련된 직종의 노동자는 비숙련 직종의 노동자보다 더 지적이다. 은행가, 기업인, 제조업자는 더 큰 이해관계를 다루어야 하므로 소상공인보다 더 지적일 가능성이 크다. (… 중략 …) 이러한 조건을 충족한다면, 이러한 우월한 기능을 수행하는 모든 사람에게 선거에서 두 표 이상을 행사할 수 있도록 허용할 수 있다. 전문직종(liberal professions)은, 명목상이 아니라 실제로 그 직종을 수행한다고 했을 때, 당연히 더 높은 수준의 교육을 받았을 것임을 시사한다. 그러한 직종에 들어가기 위해 충분한 정도의 시험이나 모종의 진정한 교육과정의 이수가 요구된다고 한다면 그 직종 종사자들은 다른 조건 없이 두 표 이상을 행사할 수 있도록 허용될 수 있다.

동일 규칙이 대학 졸업자들에게 적용될 수 있고, (그냥 시늉만 내는 정도가 아니라 진정으로 교육이 이루어지는 곳이라는 전제하에) 고등한 지식을 가르치는 학교에서 요구하는 일련의 교육과정을 수료했다는 졸업장이나 이수증을 가져오는 사람들에게도 적용될 수 있다. 옥스퍼드 대학교에서 자랑스레 만들어서 운영하는 '지역시험'이나 '중산층시험', 혹은 앞으로 다른 유능한 기관들에 의해 만들어져서 운영될지도 모르는 유사한 시험들은 (그 시험이 모든 지원자에게 공정하게 개방되어 있기만 하다면) 그 시험을 통과한 사람들에게 여러 표를 허용할 근거를 제공한다.[4)]

---

4) John Stuart Mill, *Considerations on Representative Government*, Parker Son and Bourn, 1861, 제7장.

(D)

캐나다 출신 정치철학자 대니얼 벨(Daniel A. Bell)은 다음과 같이 말한다. "지도자에게 경험(과 전문성)을 요구하지 않는 제도가 거의 의심을 용납하지 않는 절대적 지지를 받는다는 사실이 이상하게 보인다. 직장이건 학교건 병원이건 감옥이건, 어디에나 권력의 행사가 있게 마련이다. 어느 곳에서나 최고지도자의 권력 행사는 경험의 뒷받침을 받아야 한다는 것이 당연한 상식이다. 어느 회사나 대학에서도 최고지도자의 채용에는 지도력의 경험, 특히 같은 분야에서의 경험을 참고로 한다. 그런데 유독 '정치' 권력만이 예외다. 1인 1표의 원칙에 따라 선출된 사람이기만 하면 경험의 유무가 아무런 문제가 되지 않는다."[5)]

능력주의 원칙이 전적으로 옳으며 그것의 철두철미한 관철이 곧 정의구현이라고 한다면 우리는 정치의 영역에서도 능력주의 원칙의 실현에 서둘러야 할 것이다. 기업들은 지금도 나름의 방법을 이용하여 능력에 따라 인재를 채용하고 그들이 기록하는 성과를 평가하여 승진 여부를 결정한다. 정부 역시 마찬가지로 시험으로 인재를 선발한 뒤 그들을 승진시켜 지자체장도 시키고 장관도 시키고 나아가 대통령도 시켜야 하는 것 아닐까? 의회는 중요한 곳인데 그런 곳에서 일할 의원을 직무능력과 교육 수준이 아니라 투표로 뽑는다는 생각을 과연 합리적이라고 할 수 있을까? 전 국민을 대상으로 시험을 쳐서 지역별 1등을 모아서 300명의 의원을 선발하는 게 나을지도 모르겠다.

---

* 이제 이 지문을 비판적으로 검토하고 자신의 의견을 정리해 주시기 바랍니다. 각자 정리된 생각을 바탕으로 교수자 및 동료들과 의견을 나누어봅시다. 바로 토론에 들어가기 어렵다면 다음의 템플릿을 활용하시기 바랍니다.

5) 대니얼 A. 벨, 『차이나모델: 중국의 정치 지도자들은 왜 유능한가』, 김기협 옮김, 서해문집, 2017, 38쪽.

1) 각자 다음 서식을 사용하여 내용을 정리한 후, 동료들과 토의해봅시다.

'전제' 정리	이유 제시
① (A) 글이 당연하게 여기고 있는 '전제'는 무엇일까요.	그 내용을 전제로 본 이유를 설명하세요.
➜	➜
② (B) 글이 전제하고 있는 것을 써 보세요.	그 내용을 전제로 본 이유를 설명하세요.
➜	➜

③ 두 전제 간의 차이점을 써보세요.	두 전제 중 선호하는 전제를 선택하고 그 이유를 설명하세요.
→	→

2) 각자 작성한 ①~③의 내용 토의 과정에서 다음의 서식을 각자 작성해보도록 합시다. 단, 토의 전에 작성 서식 항목을 확인하시기 바랍니다.

자신의 분석과 설명보다 장점이 있는 분석과 설명 판단	
장점을 발견하지 못한 경우	장점을 발견한 경우
판단 이유 제시	↓
	동료 의견 수용을 통한 자신의 의견 수정·보완
➜	➜
↓	
자기 입장 유지	

3) 마지막으로 팀별 토의를 통해 다음 서식을 작성하도록 합시다. 단, 팀은 같은 입장을 가진 사람끼리 구성하고, 토론은 입장이 다른 팀과 진행합니다.

토론 주제
직업에 따라 표를 더 받아도 되는 걸까?
주장(논지) (한 문장으로 주제에 관한 조의 입장을 쓰세요.)

NOTE

찬성측 입론 (입론을 구성하는 근거는 왼쪽 칸에 1~2문장으로 쓰고, 이 근거의 핵심 내용은 오른쪽 칸에 구체적으로 작성하세요. 그리고 입론 발표할 때, 작성된 내용을 그냥 읽는 방식이 아니라 상대 토론자가 내용을 정확히 이해할 수 있도록 예의 바르고 상세하게 근거와 내용을 발표하세요.)	찬성측 입론[6]
	1. (찬성측 1번)
	2. (찬성측 2번)
	3. (찬성측 3번)

6) **'입론'**은 논제에 관한 찬성 혹은 반대 입장이 옳다는 것을 증명(정당화)하는 과정이면서 동시에 그 내용이기도 합니다. 따라서 입론은 찬성과 반대 각 입장의 옳음을 입증할 수 있는 근거로서의 세부 주장과 이 세부 주장의 근거(이유)로 구성됩니다. 찬성측과 반대측 모두 각자의 입론을

입론의 구체적 내용

토대로 토론에 참여하기 때문에, 입론은 찬성측과 반대측이 전투를 위해 서로 세운 전초기지와 같습니다. 이 기지가 튼튼하게 만들어져야 토론도 잘 할 수 있으며, 이에 입론을 구성하는 내용을 명확하면서도 설득력이 크도록 작성해야 합니다.

	반대측 질문과 반론[7]
	1. (찬성측 1번에 대해 반대측 4번)
반대측 질문과 반론 (찬성측 입론을 들으면서 미리 작성해야 합니다. 필요한 경우 작성을 위한 작전 시간 요청이 가능합니다. 질문과 반론의 내용은 입론에 활용될 수 있으니, 질문을 통해 무엇을 얻고, 이렇게 얻은 것을 효과적으로 반론으로 연결할 방안을 생각하세요.)	2. (찬성측 2번에 대해 반대측 5번)
	3. (찬성측 3번에 대해 반대측 6번)

7) **'질문과 반론'**은 상대측의 입론을 약화하여, 자신의 입론을 강화하기 위한 전략적 과정이다. 따라서 질문과 반론은 단지 궁금함을 해소하기 위한 과정이 아니라, 주로 상대측의 입론 중 약점이나 그 약점과 관련하여 명확히 내용을 확정하기 위한 과정이다. 예를 들어, 상대측의 입론 발표 중 어떤 내용을 언급하면서, 그렇게 발표한 것이 맞는지, 그리고 그 발표 내용을 이렇게 이

질문의 요지와 반론 이유 설명

해할 수 있는 것인지를 물어 내용을 확정하고, 그렇게 확정된 내용이 갖는 문제점을 반론으로 제시하여, 청중이 상대측의 입론 내용만 듣고 판단하는 것을 유보토록 하는 것이다. 그리고 이 문제점은 추후 자신측의 입론 과정에서 활용할 수 있다. 이를 위해 '질문과 반론'을 시작하기 전, 내용 정리를 위한 작전 시간을 가질 수 있다.

<table>
<tr><td rowspan="4">반대측 입론
(입론을 구성하는 근거는 왼쪽 칸에 1~2문장으로 쓰고, 이 근거의 핵심 내용은 오른쪽 칸에 구체적으로 작성하세요. 그리고 입론 발표할 때, 작성된 내용을 그냥 읽는 방식이 아니라 상대 토론자가 내용을 정확히 이해할 수 있도록 예의 바르고 상세하게 근거와 내용을 발표하도록 하세요.)</td><td>반대측 입론</td></tr>
<tr><td>1. (반대측 1번)</td></tr>
<tr><td>2. (반대측 2번)</td></tr>
<tr><td>3. (반대측 3번)</td></tr>
</table>

구체적 내용

<table>
<tr><td rowspan="4">찬성측 질문과 반박
(반대측 입론을 들으면서 미리 작성해야 합니다. 필요한 경우 작성을 위한 작전 시간 요청이 가능합니다. 질문과 반론의 내용은 입론에 활용될 수 있으니, 질문을 통해 무엇을 얻고, 이렇게 얻은 것을 효과적으로 반론으로 연결할 방안을 생각하세요.)</td><td>찬성측 질문과 반박</td></tr>
<tr><td>1. (반대측 1번에 대해 찬성측 4번)</td></tr>
<tr><td>2. (반대측 2번에 대해 찬성측 5번)</td></tr>
<tr><td>3. (반대측 3번에 대해 찬성측 6번)</td></tr>
</table>

구체적 내용

자유토론8)	(찬성측 · 반대측 한 번씩 번갈아 진행)
주장 재확인 혹은 수정	(주장이 유지 혹은 수정된 이유 작성)

8) **'자유토론'**은 앞서 진행된 토론과 달리 별도의 형식을 갖추지 않는 토론입니다. 그렇다고 아무렇게나 진행되어서는 안 됩니다. 앞의 형식적 토론이 반대측의 입론에 관한 찬성측의 <질문과 반박>으로 끝났기 때문에, 자유토론은 **반대측에서 시작**합니다. 구성원 간 특정한 발표 순서는 없으며, 누구라도 발언을 할 수 있습니다. 그리고 반대측 발언 후, 찬성측 발언이 같은 방식으로 이어집니다. 기본 원칙은 각 측 구성원 한 명씩 돌아가며 발표하며, 제한된 시간 내에 마치면 됩니다. 자유토론의 내용도 차후 글쓰기에 활용되기 때문에, 각자 중요한 내용은 <자유토론> 작성란에 기록해두고 글쓰기에 활용하기 바랍니다.

글쓰기

* (A)~(D)의 요약 내용과 토론 내용을 자료로, '직업에 따라 표를 더 받아도 되는 걸까?'에 관한 각자의 입장을 설득력 높게 제시하는 글을 완성하세요. 글을 완성하기 위해 다음 서식을 활용하여 글을 쓰세요.

주차 과제 학과 : 학번 : 성명 :

I. 도입(- 글에서 다루는 논제(주제)와 그 논제가 다루어져야 하는 중요성을 제시하세요)

II. 본론

1. 입장 선택 기준 제시(- 논제와 관련하여 설득력을 높일 수 있는 기준 및 이를 위해 필요한 정보를 제시하세요.)

2. 선택한 입장(주장)과 그 입장이 옳은 이유(근거) 제시(- 본인이 선택한 입장을 명확히 쓰고, 선택한 입장이 옳은 이유(근거)를 제시문과 토론 내용을 활용하여 체계적으로, 예를 들어 '핵심근거 - 세부근거 - 사례' 순으로 쓰세요.)

3. 가능한 반론 제시(- 내가 선택한 입장에 대하여 제기될 수 있는 반론을 제시문과 토론 내용을 활용하여 체계적으로, 예를 들어 '반론의 핵심 근거 – 세부 근거 - '사례' 순으로 쓰세요.)

4. 제기된 반론에 대한 재반론(- 토론 내용을 활용하여, 제기된 반론의 핵심 근거를 반박하여 재반론하고, 이를 통해 자신이 선택한 입장의 정당성을 부각할 수 있도록 쓰세요.)

III. 마무리(- 본론의 핵심을 정리 · 요약하고, 자신의 입장에서 관련 사안이 향후 어떻게 전개될 것인지 전망하는 내용이나 함축점을 추가하세요).

참고문헌

대니얼 A. 벨, 『차이나모델: 중국의 정치 지도자들은 왜 유능한가』, 김기협 옮김, 서해문집, 2017.

마이클 샌델, 『공정하다는 착각』, 함규진 옮김, 와이즈베리, 2020.

말콤 글래드웰, 『아웃라이어(Outliers)』, 노정태 옮김, 김영사, 2009.

「공공의대생 선발 때 시민단체 추천 논란」, 『매일경제신문』 2020.08.25. https://www.mk.co.kr/news/society/9491270

「Lily-Rose Depp Is An Idol Rising」, 『ELLE』 2022.11.16. https://www.elle.com/culture/celebrities/a41894075/0125-0141-an-idol-rising-december-2022

John Stuart Mill, *Considerations on Representative Government*, Parker Son and Bourn, 1861.

Chapter 3

암호화폐

Ⅰ. 글 안내 : 암호화폐의 과거와 현재, 미래 가치의 양상을 살펴야 하는 이유

암호화폐는 21세기에 새로 등장한 '디지털 화폐'의 한 종류로 불리기도 합니다. 제가 '한 종류'라고 한 까닭은 네이버페이, 게임머니, 각종 포인트와 쿠폰 같은 것들도 디지털 화폐에 속하지만, 그것들이 정부, 은행, 기업 같은 특정 주체에 의해 발행, 유통, 관리되는 데 비해 암호화폐는 그 같은 화폐 중앙화에 반대하면서 원하는 누구나가 자유롭게 발행하고 거래할 수 있는 '탈중앙화'를 기치로 내걸며 출발했기 때문입니다. 그래서인지 이시즈미 간지(石角完爾) 같은 논자들은 암호화폐를 디지털 화폐의 하나로 보기보다는 디지털 화폐와 구분 지어 '가상 화폐'라는 용어로 별칭하기도 합니다. 나아가 발렛(Ballet)의 창업자 바비 리(Bobby C. Lee)는 가상 화폐라는 용어조차 "거칠고 부정확"하다고 주장합니다. 이메일과 웹사이트에 오늘날 가상이라는 개념을 붙이지 않듯, 비트코인(BTC) 같은 암호화폐 또한 "실재하는 자산이며, 여느 화폐와 다를 바 없는 어엿한 화폐"이기 때문이라는 것입니다. 이처럼 암호화폐를 둘러싼 명칭에는 여러 혼선과 논란이 있습니다. 이는 암호화폐를 가상 자산(멕시코), 가상 재화(캐나다, 중국, 대만), 크립토 토큰(독일), 사이버 화폐(이탈리아), 전자화폐(콜롬비아) 등으로 나라마다 다르게 부르는 데서도 확인됩니다.

아무튼 이번 수업이 학술적 정의와 전문적 이해를 도모, 심화하는 자리는 아니므로, 이 교재에서는 흔히 통용되는 '암호화폐'라는 명칭을 사용하고자 합니다. 우리 수업의 취지는 이 시대의 암호화폐 현상을 어떻게 볼 것인가에 있습니다. 이를 위해 암호화폐는 어떠한 목적에서 출발했는가, 과연 '어엿한 화폐'의 가치와 지위를 지니고 있는가, 그 유행과 열풍은 앞으로 어떻게 될 것인가(즉 비트코인의 미래는 밝은가) 등 여러분 다수가 가질 법한 질문들을 테이블에 올려놓고, 읽고 토론하며 글 쓰는 공유 과정을 거쳐 자가견(自家見)을 세워 보자는 데 있습니다. 단, 암호화폐에도 수많은 종류와 파생 상품들이 있으므로 이 자리에서 모두를 다루기란 불가능합니다. 활발하고 효과적인 토론을 위해 여러분 다수의 관심이 있는 비트코인에 초점을 두어 수업을 진행해 볼까 합니다. 물론 본 챕터에 암호화폐라는 제목이 붙어 있으므로, 동료 학우들과 토론 시 비트코인뿐 아니라 이더리움(ETH)과 그 이후의 암호화폐들에도 관심 있는 학생들은 자신의 지식을 활용하셔도 좋습니다.

> 우리에게 필요한 것은 (기존 금융 시스템에 대한 : 인용자 주) 신뢰가 아니라 암호 체계를 바탕으로 작동하는 전자 결제 시스템이다. 이 시스템에서는 믿을 만한 제삼자가 중개하지 않아도 누구나 서로 거래 당사자가 되어 직접 거래할 수 있다.

비트코인 개발자로 알려진 사토시 나카모토(Satoshi Nakamoto)의 말입니다. 사토시가 누구인지는 알 수 없고 그의 정체에 대해 여러 추측과 풍문도 난무하나, 위 진술은 정부와 중앙은행, 주요 금융 기관 같은 '제3자의 중개'를 거부하고, 새로운 블록체인 기술로 마련된 비트코인 플랫폼에서 '누구나' 새로운 화폐를 만들어내며 자유롭게 거래할 수 있는 화폐 민주화를 꿈꾸고 있습니다. 즉 비트코인은 화폐의 '탈중앙화'를 목표로 하여 처음 개발됐다고 볼 수 있습니다. 이는 2008년 미국발 세계 금융위기를 겪으면서 전통적 금융 기관들에 대한 불신이 더욱 커졌기 때문입니다.

물론 현재의 비트코인이 사토시의 개발 취지에 부합하는 모습을 하고 있는가에 대해서는 논란이 많습니다. 언제부턴가 비트코인도 여러 거래소에서 거래되기 시작했기 때문입니다. 이는 비트코인의 유통과 거래를 관장하는 거래소 중앙전산 시스템의 등장, 즉 또 하나의 '중앙화'가 비트코인의 탈중앙화 운동에 섞여 들어왔다는 뜻이기도 합니다. 그래서 현재의 비트코인이 애초의 개발 취지와는 달리 기형적

괴물이 되어버렸다는 비판이 있습니다. 사토시의 취지에 공감한 초기의 비트코인 열광자들이 그렇습니다. 달러(USD)나 원화(KRW) 등 법정화폐 제도의 균열과 몰락을 우려하여 초기 비트코인의 탈중앙화에 반대했던 주류 경제학에서는 꽤 중앙화된 비트코인의 현재 모습을 수용하는 태도도 일부 나타납니다. 어차피 없앨 수 없는 것이라면, 비트코인을 지하 세계의 음지에서 양지로 끌어올려 안정적으로 관리할 수 있다는 기대가 있는 듯합니다. 일반 시민들의 경우 관심사는 좀 다릅니다. 가뜩이나 물가도 치솟고 경제도 어려운데 비트코인에 투자하여 수익을 올릴 수 있으니 경제적 자유를 얻을 기회가 또 하나 제공된 것 아니냐는 옹호론이 존재합니다. 반면에 그래봤자 투기 열풍에 불과하므로 비트코인은 위험 자산일 뿐이라는 여론도 많습니다.

이처럼 비트코인에 대해서는 여러 다양한 관점과 의견이 공존합니다. 여러분은 어떻게 생각하는지요? 우선은 다양한 견해들이 있다는 사실을 인지하는 것에서 출발하면 어떨까요? 비트코인 등의 암호화폐에 대해 긍정적이든 부정적이든 각자가 막연하게 가졌던 생각을 잠시 옆으로 밀쳐 두고, 이번 기회에 함께 수업 자료들을 읽고 토론하면서 자신의 견해를 세워 보는 시간이 됐으면 좋겠습니다. 다만 이번 수업의 목표는 '경제'에 있다는 것을 명심해 주세요. 암호화폐의 이해를 위해 블록체인이나 채굴, 스마트 컨트렉트 같은 IT 관련 배경 지식들도 필요하나, 수업의 목적은 이 시대의 특징적인 경제 현상을 들여다보는 데 있으므로, 토론하거나 글을 쓸 때 암호화폐의 공학적 기술들로 채우는 일은 가급적 피하시기를 당부드립니다. 경제 현상으로서 암호화폐가 과연 화폐로서의 가치가 있는지, 또한 상품 가치로서 암호화폐의 미래가 어떠할지의 문제들에 집중해 주시기를 바랍니다.

II. 다음 글을 읽고 생각해 봅시다.

(A)

한편으로는, 제1세대 암호화폐를 대표하는 비트코인이나 이더리움 등이 '진짜 화폐' 기능을 갖추고 있다고 주장하는 이들도 있다. 실제로 일각에서는 비트코인 등으로 물건을 살 수도 있고, 엘살바도르에서는 법정화폐로 도입한 사례도 있어서 그런 주장에 힘을 실어준다. 그렇지만 내가 '진짜 화폐'라고 평가하지 않는 데에는 몇 가지 이유가 있다.

첫째, 비트코인을 가지고 물건을 사고파는 거래를 한다고 해서 '진짜 화폐'의 반열에 올랐다고 보기는 힘들기 때문이다. 현재로서는 '대체 지급 수단'에 더 가깝다. 현대 사회에는 다양한 지급 수단이 있는데, 현찰(법정화폐)이 '최종 지급 수단'이다. 물건을 판 이후 현찰을 지급 받으면 거래가 최종적으로 종결된다. 더는 다른 지급 수단으로 바꿀 필요가 없다는 뜻이다. 현찰은 아니지만, 물건을 거래하는 데 사용할 수 있는 또 다른 지급 수단들이 있다. 대표적으로 수표, 신용카드, 상품권, 기업 어음 등이다. 이런 지급 수단들을 이용해도 물건을 살 수 있다. 실물 시장에서 수표로 상업 거래가 성사되는 이유는 수표를 받은 사람이 훗날 최종 지급 수단인 현찰로 교환 받을 권리를 법적으로 보장받기 때문이다. 이처럼 최종 지급 수단인 현찰로 전환 받을 권리를 법적으로 보장받는 물리적 형태를 띤 지급 수단들을 '대체 지급 수단'이라고 한다. 비트코인을 포함한 일부 암호화폐로 상품을 구매할 수 있는 것도 대체 지급 수단 기능을 하는 수준이다. 사회적으로 비트코인은 최종 지급 수단인 현찰을 대체하는 지위를 얻지 못했다.

둘째, 대체 지급 수단 중에서도 현찰 보장성이 매우 불안정하기 때문이다. 예를 들어 10만 원짜리 수표를 최종 지급 수단인 현찰로 전환하려고 한다면, 오늘, 내일, 1년 후에도 수표에 찍힌 액면가를 보장받을 수 있다(물론 인플레이션 효과 탓에 시간이 지날수록 액면가에 대응하는 현찰 자체의 가치는 낮아진다). '현찰 교환 비율'에 변동성이 없다는 얘기다. 하지만 암호화폐는 시간에 따라서 현찰 교환 비율이 매우 크게 변동한다. 그것도 상상을 초월할 정도다. 2010년 5월 22일, 미국 플로리다에 사는 라즐로 핸예츠(Lazlo Hanyecz)는 당시 약 41달러의 가치가 매겨져 있던 1만 비트코인을 내고 파파존스 피자 2판을 구매했다. 비트코인 역사에서 이날은 '비트코인으로 물건을 구매한 최초의 날'로 기록됐다. 그런데 11년이 넘은 현재, 1비트코인은 6만 달러를 넘었다. 역사상 어떤 투자 상품도 보여주지 않았던 어마어마한 변동성이다.

(B)

인간이 교환 · 거래 · 투자하는 모든 상품은 나름대로 '가치'를 갖는다. 상품이 갖는 가치는 두

가지다. 하나는 실물 가치다. 실물 가치는 현재 그 상품이 갖는 펀더멘털(fundamental)로, '근본 가치'를 말한다. 기업을 청산했을 때 공장 · 기계와 같은 현물 자산, 회사의 부동산, 현찰, 영업권 · 로열티 · 특허와 같은 무형 자산 등이 여기에 속한다. 이 모든 것은 최종 지급 수단인 현찰로 교환될 수 있다.

다른 하나는 미래 가치다. 미래 가치는 미래에 상품의 가치가 일정 수준 상승할 것이라는 '기대치'다. 이 가치는 어떻게 만들어질까? 여러 가지 방법이 있겠지만 크게 두 가지로 볼 수 있다. 첫째, 주식을 발행하는 회사가 투자자에게 밝힌 '비전'이다. 회사가 나아가고자 하는 방향, 투자 내용, 환경의 변화 등이 미래 기대가치의 기초를 형성한다.

둘째는 그 '비전'을 믿는 사람들의 네트워크 규모다. 즉, 비전에 동참하는 사람들이 얼마나 되는지를 가리킨다. 네트워크가 클수록 미래 기대감이 커지고, 미래 기대감이 커질수록 가치가 상승한다. 하지만 비전이나 비전에 동참하는 사람들의 네트워크 모두 심리의 영역이다. 하루에도 수백 번 변하는 투자자의 심리에 의존하기 때문에 미래 가치는 변동성이 클 수밖에 없다. 미래 기대치는 회사가 망하는 순간 완전히 사라지므로 단 한 푼도 현찰로 전환할 수 없다.

(… 중략 …)

비트코인의 가격 예측과 관련해서, 문제는 미래 가치 산정이 과거나 지금이나 쉽지 않다는 것이다. 실물 가치(펀더멘털, 현재 가치)는 기업의 실물 자산을 확인하고 계산기를 두드리면 비교적 확실하게 산정할 수 있다. 하지만 미래 기대가치는 투자자의 기대 심리에 절대적으로 의존하기 때문에 산정하기가 쉽지 않다. 예를 들어 테슬라처럼 전 세계 투자자들의 기대를 한 몸에 받고 있는 기업의 경우, 주식 가격에서 현재 가치가 1이라면, 미래 가치가 99를 차지한다. 왜 미래 가치에 99를 부여해도 되는지는 근거가 모호하다. 만약 테슬라 경영진에 도덕적 해이 문제가 발생해 미래 가치에 대한 투자자들의 심리가 변하면, 미래 가치가 10으로 곤두박질칠 수도 있다. 이때도 왜 미래 가치가 99에서 10으로 쪼그라들었는지 설명이 불가능하다. 그냥 시장 심리가 그럴 뿐이다.

물론 특정 기업의 미래 가치를 계산하는 데에는 다양한 방법이 동원된다. 하지만 가장 중요한 것은 투자자들의 심리다(그래서 주식 투자가 '인기투표'라는 비아냥을 받는 것이다). 이런 원리 때문에 주식 시장에서 현재 가치보다 미래 가치를 더 크게 인정받는 기업일수록 특정 사건이 발생했을 때 그에 따른 가격 변동성이 더 크다.

비트코인을 포함한 제1세대 암호화폐는 실물 가치는 전혀 없고, 오직 미래 기대가치만 갖는다. 그것도 테슬라를 능가하는 미래 기대가치와 투자 심리가 작동되고 있다. 그래서 시간에 따라, 사건에 따라 엄청난 가격 변동성을 보인다. 이런 엄청난 가격 변동성을 태생적으로 가지고 있기 때문에 비트코인 1개가 10만 달러를 돌파하는 시나리오는 언제든지 가능하다. 꼭 기억하라. 비이성적 과열이 시장을 지배하면 이론적으로 '불가능한 가격'은 없다. 참고로, 나는 암호화폐가 펀더멘털 가치(실물 자산 가치)를 갖는 시점은 암호화폐 제3기(CBDC를 발행하는 단계) 또는 제4기(실물 가치를 책정해야 하는 등 새로운 글로벌 규제 하에 제2세대 암호화폐를 발행하는 단계)에 이르러서나 가능해질 것으로 예측된다.

물론 '디지털 시대에 펀더멘털 가치가 없다는 것이 대수냐'라는 주장을 할 수 있다. 하지만 투자 시장에서는 그런 말은 한 가지 심각한 위험을 간과한 주장이다. 세계적인 투자자 워런 버핏(Warren Buffett) 같은 가치 투자자들은 '안전 마진'을 중요하게 여긴다. 그들이 생각하는 안전 마진은 회사의 펀더멘털(청산 가치)이다. 남아 있는 청산 가치를 주주들이 'n분의 1' 해서 일부라도 돌려받을 수가 있기 때문이다. 투자 상품에 펀더멘털 가치가 없다는 것은 '대폭락이 발생할 경우 가격이 어디까지 추락할지, 바닥을 알 수 없다'라는 말도 된다. 금이나 원자재 등도 실물에 근거한 투자 상품이기에, 대폭락이 발생하면 최소한 바닥이 어디인지는 알 수 있다. 하지만 비트코인이나 이더리움 등 제1세대 암호화폐는 펀더멘털 가치가 없기 때문에 파산 지경에 이르는 대폭락이 발생하면 투자자들이 바닥 가격을 추정할 수 없다. 심리에 전적으로 의존한 가격이기 때문에, 투자자들의 공포가 사라지는 시점이 바닥일 것이라는 논리가 유일한 예측 근거가 될 뿐이다.

(… 중략 …)이런 대폭락이 일어나지 않는다고 해도 걱정이 사라지지 않는다. 전적으로 심리에만 의지하는 제1세대 암호화폐는 그 심리가 50년, 100년간 유지될 가능성이 작다. 지금 당장, 내년, 또는 몇 년 동안은 비트코인이 계속 상승할 수 있다는 심리적 확증성을 가질 수는 있다. 하지만 이런 심리적 확증성을 20년, 30년, 50년, 100년 동안 유지하긴 힘들다. 암호화폐 거래 시장은 연예인과 대중의 관계와 비슷하다. 연예인이 대중에게 관심을 받고 조명이 화려하게 비칠 때는 주가가 천정부지로 올라간다. 하지만 어느 날 갑자기 대중이 외면하면 순식간에 무대에서 사라져 간다. 연예인은 그나마 "내가 왕년에는…"이라는 말이라도 할 수 있지만, 암호화폐는 가격이 제로가 된다.[1]

---

1) 최윤식, 『암호화폐 넥스트 시나리오』, 길벗, 2022, 22~26, 30~32, 34쪽.

내용 이해하기

* 글을 읽고 다음의 질문에 답해봅시다.

1. (A)와 (B)의 저자는 비교할 수 있는 여러 개념을 적절히 소개, 활용하면서 자신의 논지와 주장을 끌어내고 있습니다. 이처럼 여러 비교 개념 군이 등장한 글의 경우 개념들의 체계와 관계를 잘 파악해야 글의 흐름과 저자의 주장을 정확히 읽어낼 수 있습니다. 아래에 정리해 보도록 합시다.

화폐의 가치 (글 (A))		
저자가 내세운 공통점 :		
최종 지급 수단	대체 지급 수단	

상품의 가치 (글 (B))	
실물 가치	미래 가치

2. 저자가 구사한 개념과 용어들을 추리고 그 관계를 파악했다면, 그 같은 개념과 용어들을 통해 저자가 (A)와 (B)를 통틀어 궁극적으로 주장하려는 것은 무엇일까요? 이 글들을 쓴 동기와 목적에도 해당합니다. 해당하는 진술들을 찾아보기 바랍니다.

3. 아래의 템플릿을 통해 제시문들의 세부 내용과 주장을 체계적으로 정리한 후 요약해 보시기 바랍니다.

<table>
<tr><td>논의 주제</td><td>한 문장 작성 :</td></tr>
<tr><td rowspan="6">세부 내용 (근거와 세부근거)</td><td>1. 제1세대 암호화폐는 '진짜 화폐'가 될 수 없으며 (　　　　) 수단으로서도 불안정하다.</td></tr>
<tr><td>1.1. 진짜 화폐란 (　　　　) 로, 현찰처럼 (　　　　) 수단의 지위를 가져야 한다.
1.2. 제1세대 암호화폐는 물건을 사고팔 수 있으나 (　　　　) 수단이 될 수 없는 (　　　　) 수단에 불과하다.
1.3. 여러 (　　　　) 수단 중에서도 현찰 교환 비율이 크게 변동하여 현찰 보장성이 불안정하다.</td></tr>
<tr><td>2. 제1세대 암호화폐는 (　　　　)만을 가지므로 불안정하다.</td></tr>
<tr><td>2.1. 상품의 가치에는 (　　　　)와 (　　　　)가 있다.
2.1.1. (　　　　)는 기업 청산 시 현찰로 돌려받을 수 있는 회사의 펀더멘털 가치이자 현재 가치로, 산정할 수 (　　　　) 가치이다.
2.1.2. (　　　　)는 상품의 가치 상승에 대한 심리적 기대치로, 회사가 제공한 비전과 그에 동참한 사람의 (　　　　)에 의해 좌우된다.
2.2. (　　　　)는 투자자의(　　　　)에만 의존하므로 산정하기가 어렵고 (　　　　)이 매우 크다.</td></tr>
<tr><td>3. 따라서 비트코인 등 제1세대 암호화폐는 엄청난 (　　　　)을 보이며 추락할 것이다.</td></tr>
<tr><td>3.1. 비트코인 가격이 급등할 수 있지만, 펀더멘털의 (　　　　)이 없으므로 폭락하면 바닥을 모르고 (　　　　)할 것이다.
3.2. (　　　　)하지 않더라도 미래 기대가치에만 의존하는 사람들의 심리는 오래도록 유지될 수 (　　　　).</td></tr>
</table>

주장	비트코인 등 제1세대 암호화폐는 ( ).
글 요약	(논의 주제와 세부 내용을 연결하여 하나의 글로 작성)

해석하기

글에 드러난 세부 내용들과 주장을 정리, 요약했으면, 그에 비추어 글의 이면에 숨어 있는 세부적인 정보들을 유추하여 해석해 볼 필요가 있습니다. 이를 통해 저자의 생각과 관점을 더욱 자세하게 엿볼 수 있기 때문입니다. 아래의 해석하기 활동을 수행해 보시기 바랍니다. 또한 글에 제시된 암호화폐와 관련하여 확장적으로 생각해 볼 수 있는 문제들에 대해서도 다루어 봅시다.

1. 글 (A)를 들여다보면 저자는 여러 화폐 간에 서열이나 위계 관계를 설정하고 있습니다. 저자가 생각하는 가장 좋은 화폐란 무엇이며, 왜 그렇게 생각하는지의 이유를 찾아보세요.

2. 위 1번의 답이 마련됐으면, 저자는 화폐의 '중앙화'와 '탈중앙화' 중 어느 쪽을 지지할 것으로 보이나요? 참고로 화폐의 중앙화란 화폐의 발행과 공급량 등을 정부와 중앙은행 등에서 관리, 통제, 감독하는 것을 말하고, 화폐의 탈중앙화란 그에 반대하여 벗어나려는 움직임을 말합니다.

3. 저자는 '대체 지급 수단'의 대표적인 예로 '수표, 신용카드, 상품권, 기업 어음 등'을 들고 그것들이 안전하다는 근거로 '현찰 교환 비율의 변동성'과 '현찰 보장성'을 들고 있습니다. 그렇다면 저자가 글에서 거론하지 않은 대체 지급 수단의 또 다른 예들이 궁금해 집니다. 우리가 흔히 사용하는 네이버페이나 카카오페이, 각종 쿠폰이나 포인트 같은 디지털 캐시들이 그것입니다. 저자가 내세운 근거들로 유추해 보면, 저자는 디지털 캐시들을 최종 지급 수단과 대체 지급 수단 중 어디에 속하는 것으로 보고 있을까요? 또한 디지털 캐시들에 대해 저자가 어떤 입장을 취할 것으로 보이나요? 긍정적으로 볼까요? 아니면 암호화폐처럼 부정적인 것으로 볼까요?

4. 저자에 의하면 제1세대 암호화폐의 대표 주자인 비트코인은 급등과 급락의 가격 변동성을 특징으로 가지고 있습니다. 주변의 학우들과 팀을 이루고, 그간 비트코인이 가장 급등했던 때와 가장 급락했던 때의 가격 및 변동 폭, 급격했던 변동의 횟수와 빈도 등을 검색하여 알아보세요. 그런 후에 저자의 우려와 비판이 적절한지 또는 부적절한지 등을 팀원들과 논의해 보시기 바랍니다.

5. 이에 더하여 가능하다면 팀원들과 다음의 해석 활동도 수행해 보시기 바랍니다(의무 수행 사항은 아닙니다). 저자의 견해를 참조해 보면, 저자는 '비트코인과 비교하여' 부동산이나 주식에 대해 어느 입장을 가질 것으로 예상되나요? 현찰 보장성, 가치의 산정(예측) 가능성, 가격 변동성, 안전 마진의 유무 등을 키워드로 삼아 예상해 보세요.

토론하기

지금까지 우리는 화폐 가치와 상품 가치를 기준으로 하여 비트코인 등 제1세대 암호화폐에 대해 비판적인 논조의 글을 살펴보았습니다. 이번에는 그 반대편에 서 있는 글들을 살펴보려고 합니다. 우선 아래의 글 (C)와 (D)는 화폐 가치에 초점을 두어 비트코인이 이상적이고 대안적인 화폐가 될 것이라 보고 있습니다. 글 (F)는 상품 가치에 주로 주목하여 비트코인을 가장 좋은 투자 대상이라고 주장하고 있습니다. 아래의 글들을 읽고, 앞서 살핀 글까지 고려하여 비트코인의 특성과 가치 및 미래 전망을 토론하는 시간을 가지겠습니다. 비트코인에 대해 부정적이든 긍정적이든 또는 양쪽을 함께 취하는 절충적인 입장이든 각자 잘 정리하여서 활발한 토론이 이루어지기를 기대합니다.

(C)

경제학에서 항상 변하지 않는 단 한 가지 원리는 이것이다.

"대량으로 생산되는 물건은 값이 싸다."

얼마든지 대량 생산이 가능한 것은 갈수록 값이 내려간다. 정권을 쥔 정부가 독점하여 발행하는 국가 화폐는 대량 생산이 가능하다. 심지어 이미 대량으로 발행되고 있다. 리먼 사태(2008년 9월 리먼 브라더스의 파산으로 촉발된 미국발 세계 금융위기 : 인용자 주)가 발생한 이후 미국은 FRB를 비롯한 세계의 중앙은행이 돈을 뭉텅이로 찍어낸 여파가 현재까지 이어지고 있기 때문이다.

거듭 말하지만 대량으로 생산되면 값은 떨어진다. 달러가 올랐다는 둥 유로가 내렸다는 둥 해도 그것은 어디까지나 두 가지 화폐를 비교한 환율 값일 따름이다. 전체를 놓고 보면 화폐는 무더기로 발행되었고, 여전히 잔뜩 발행되고 있다. 이대로라면 어떤 화폐든 결국에는 값이 떨어진다. 나아가 폭락한다. 그 증거로 화폐를 대량 발행한 국가의 금리는 제로 또는 마이너스까지 내려갔다. 유로도, 파운드도, 달러도, 일본 엔도.

진지하게 생각해 보자. 이런 국가 화폐에 재산을 믿고 맡겨도 괜찮을까? 재산은 인간이 한껏 머리를 쥐어짜도, 비 오듯 땀을 쏟으며 일해도 절대 대량으로 생산하지 못하는 것에 맡기는 편이 현명한 것 아닐까?

(… 중략 …)

재산을 보호하고 유지하기 위해 수십 년, 특히 50년, 60년, 100년 단위를 고려하는 경우라면

은행 예금이건 장롱 예금이건 간에 국가 화폐에 기대는 방식은 현명하다고 보기 어렵다. 재산 보전은 생산량이 한정되어 희소가치가 한결같은 재화에 의지하는 것이 최고다. 예를 들면 빈센트 반 고흐(Vincent Van Gogh, 1853-1890)나 파블로 피카소(Pablo Picasso, 1881-1973)처럼 사후 유명해진 작가이면서 국제적으로 인정받은 작가의 미술품은 가치가 영원하다. 또 다른 예는 금이다. 금은 수천 년 동안 생산량이 한정되어 왔고, 앞으로도 수천 년은 지속될 가치임이 분명하다. 인류가 온 지구를 파헤쳐도 한정된 양만 손에 넣을 수 있기 때문이다.

비트코인을 중심으로 한 가상 화폐는 금이 가진 이러한 희소가치를 쏙 빼닮고 태어났다. 가상 화폐, 그중에서도 비트코인은 금처럼 생산량이 몹시 한정된 화폐다. 내가 알픽스에게 최근에 100달러로 살 수 있는 비트코인의 양이 얼마나 되는지 그래프로 만들어 달라고 의뢰하여 받은 도표를 보면 그것이 여실히 드러난다.

비트코인은 금만큼이나 생산하기가 어렵다. 그래서 비트코인 발행을 일컬어 '채굴(mining)'이라고 부른다. 광산에서 캐낸다는 뜻인데, 실제로 비트코인 채굴은 금 채굴 뺨치게 어렵다. 게다가 비트코인은 금과 비슷하게 공급량이 한정되어 그 가치가 보존된다. 엔이나 달러, 파운드 같은 국가 화폐는 생산이 워낙 간단하여 정부가 얼마든지 찍어낼 수 있지만 말이다.

일본 엔이 최근 5년간 얼마나 발행되었는지 도표로 확인해 보자. 하지만 비트코인은 이렇게 마구 발행될 일이 없으므로 엔과 달리 가치가 꾸준히 유지된다. 이 점이 비트코인과 금의 유사성이다.[2)]

(D)

그렇다면 어떤 유형의 자산이 새로운 화폐 시스템의 매개체가 될 수 있을까? 이상적인 가치 저장 또는 화폐의 수단이 되기 위해서는 이른바 아래와 같은 속성을 지녀야 한다.

- 내구성 : 썩거나 쉽게 부서지지 말아야 함.
- 휴대성 : 이동 및 보관이 쉬워서, 분실이나 도난으로부터 안전하게 지킬 수 있고, 장거리 교역에도 편하게 사용할 수 있어야 함.
- 검증성 : 신속하게 식별하고 검증할 수 있어야 함. 검증이 쉬워야 교역 당사자가 더 믿을 수 있고, 교역이 성사될 가능성이 높아짐.
- 가분성 : 쉽게 나눌 수 있어야 함.
- 희소성 : 위조가 불가능하고, 진귀해야 함. 즉, 풍부하지 않거나, 쉽게 얻거나 생산할 수 없어야 함.

---

2) 이시즈미 간지, 『비트코인이 금화가 된다』, 이해란 옮김, 국일증권경제연구소, 2017, 27~28, 46~47쪽.

위와 같은 관점에서 볼 때 전통적인 금보다는 비트코인이 훨씬 이상적인 가치 저장 수단, 즉 화폐가 될 수 있다. 우선 휴대성 측면에서 볼 때, 비트코인은 금보다 훨씬 휴대성이 좋다. 수억 달러 상당의 비트코인을 개인 키로 작은 USB 메모리 카드에 저장할 수 있고, 어디든 쉽게 지니고 다닐 수 있다. 또한 아무리 많은 금액이라도 지구 반대편에 있는 사람들에게 거의 즉시 송금이 가능하다.

검증성 측면에서도 금은 도금 등을 통해 가짜 금괴를 만들 수도 있고, 정확한 무게 측정이 쉽지 않다. 반면 비트코인은 소유자의 암호화 서명을 통해 공개적으로 비트코인 소유권을 명확하게 증명할 수 있다.

가분성 측면에서도 비트코인은 1억분의 1까지 나눌 수 있으며 극소량도 전송이 가능한 반면 금은 그렇지 않다.

희소성 측면에서도 비트코인은 최대 2,100만 개까지 생성되도록 정확하게 설계되었기 때문에 비트코인 소유자는 자신이 전체 공급량 중 몇 %를 보유했는지 명확히 알 수 있다. 반면 금도 희소성을 인정받아왔지만, 기술적으로 채굴 방법이 진보함에 따라 금 채굴이 늘어나면서 공급이 늘어날 수도 있고, 전 세계적으로 금이 얼마나 배분되어 있는지 명확히 알기도 어렵다.

내구성 측면에서 금은 수천 년 동안 최고라고 인정받고 있다. 수천 년 전에 만들어진 파라오의 황금 장신구도 아직까지 현존할 정도이기 때문이다. 하지만 비트코인도 개인이 콜드 월렛에 보유하게 되면 해커의 탈취로부터 안전한 영원불멸의 데이터가 되기 때문에 내구성 측면에서도 금에 못지않다고 평가받는다.

(… 중략 …)

만약 새로운 통화 시스템의 매개체가 비트코인이 되고 비트코인이 전 세계 금융의 공식적인 담보물이 된다면 그 가치는 기하급수적으로 상승하게 될 것이다. 비트코인 반감기 패턴, 수요와 공급의 법칙에 의해서 2030년 이후에는 1비트코인의 가치가 100만 달러(약 13억 원)에 도달할 것이라는 분석이 있다. 추가적으로 달러를 중심으로 한 금융 시스템이 붕괴되기 직전 국가가 달러 찍기를 더욱 남발하게 되면 명목상 비트코인의 가치는 더 오르게 된다.[3)]

(E)

일부 비판론자와 일반 소비자들은 비트코인이 과연 얼마나 가겠느냐고 말하기도 한다. 투자자들이 싫증을 낼 수도 있고, 모종의 약점을 드러내거나 더 나은 어떤 것이 출현할지도 모르는 한때의 유행이 아니냐는 것이다. 그들은 유행이 끝나는 순간 수요가 급감하고 시장은 말라붙을 것이라고 주장한다. 그렇게 되면 투자자들이 상당한 손해를 보거나 심지어 비트코인이 완전히 사라지

---

3) 서대호, 『종이화폐에서 탈출하라』, 반니, 2023, 201~204쪽.

고 말 거라고. 터무니없는 인식이지만 실제로 이런 얘기가 심심치 않게 등장한다. 비트코인 네트워크가 얼마나 튼튼한지를, 그리고 그것이 비트코인의 가장 큰 장점임을 모르는 사람이 아직도 너무 많다.

(… 중략 …)

비트코인이 끊임없이 변동성을 보이는 이유는 이것이 세계 경제에서 어떤 가치를 지니는지 사람들이 제대로 이해하지 못할 것이기 때문이다. 잘못된 이유로 투자하는 사람은 앞으로도 너무나 많을 것이다. 그리고 그들은 비트코인의 위상을 의심할 만한 바람이 조금이라도 불면 그때마다 과도하게 반응할 것이다. 이는 비트코인이 광범위하게 수용되는 것에 저항하는 힘이 그만큼 크다는 것을 말한다.

중앙은행과 전통적 금융 서비스 기관, 정치 지도자들이 마침내 비트코인을 끌어안아야겠다고 생각할 때까지, 시장에는 변동이 그치지 않을 것이다. 그들은 계속해서 장애물을 만들어낼 것이고, 투자자들을 흔들 것이며, 이는 가파른 매도세로 이어져 우리가 이미 지켜봤던 거대한 구멍을 계속해서 더 많이 만들어놓을 것이다. 그러나 그럴 때마다 확신에 찬 사람들이 밀어 올리는 거센 가격 상승이 또 나타날 것이다.

변동성이 꼭 나쁜 것만은 아니다. 그것은 그저 먼 훗날 비트코인이 거두게 될 성공의 역사에서 초창기를 장식하는 여러 과정 중 일부일 뿐이다.

일시적인 하락이나 상승 때문에 HOLD 전략[4]이 흔들릴 수는 없다. 비트코인의 전체적인 성장 곡선을 더 눈여겨봐야 한다. 지금 보고 있는 현상은 수십 년 동안 전개될 상승 곡선의 극히 초반에 불과하다. 2010년에 단 1센트도 안 되는 가격으로(몇 달러가 아니다) 시작한 투자가 오늘날 1만 달러가 넘은 경우를 이것 말고 또 본적이 있는가? 지난 10년간 그 어떤 투자 상품도 비트코인만큼 큰 폭으로 성장하지 못했다. 마찬가지로 다가올 10년 동안에도 비트코인의 성과를 앞지를 만한 투자 대상은 없을 것이다.[5]

---

* 위의 글들을 검토하고 글 (A)와 (B)도 염두에 두면서 각자 정리된 생각을 바탕으로 교수자 및 동료들과 의견을 나누어봅시다. 바로 토론에 들어가기 어렵다면 다음의 템플릿을 활용하시기 바랍니다.

4) 버티면서 장기 보유하는 전략. 보통은 HODL이라고 쓴다. (인용자 주)
5) 바비 C. 리, 『비트코인의 미래』, 김동규 옮김, 시프, 2021, 293, 379~380면.

1) 각자 다음 서식을 사용하여 내용을 정리한 후, 동료들과 토의해봅시다.

저자의 글 정리	이유 제시
① (C)의 저자는 국가 화폐(법정화폐)에 대해 어떤 주장을 하고 있을까요.	그 내용을 주장으로 본 이유를 설명하세요.
→	→
② (C)와 (D)의 저자들은 비트코인의 화폐 가치에 대해 어떤 주장을 하고 있을까요.	그 내용을 주장으로 본 이유를 설명하세요.
→	→

③ (E)의 저자는 비트코인의 변동성에 대해 어떻게 예측하나요?	(E)의 저자가 비트코인의 변동성을 좋게 본 이유에 대해 정리해 보세요.
➜	➜

2) 각자 작성한 ①~③의 내용 토의 과정에서 다음의 서식을 각자 작성해보도록 합시다. 단, 토의 전에 작성 서식 항목을 확인하시기 바랍니다.

자신의 분석과 설명보다 장점이 있는 분석과 설명 판단	
장점을 발견하지 못한 경우	장점을 발견한 경우
판단 이유 제시	↓
	동료 의견 수용을 통한 자신의 의견 수정·보완
➜	➜
↓	
자기 입장 유지	

3) 마지막으로 팀별 토의를 통해 다음 서식을 작성하도록 합시다. 단, 팀은 같은 입장을 가진 사람끼리 구성하고, 토론은 입장이 다른 팀과 진행합니다.

토론 주제

비트코인의 화폐 가치와 투자로서의 상품 가치

(각자 아래의 입장 중 하나를 선택하여 작성하고 토론하세요.)

① 비트코인은 법정화폐를 능가하거나 대체하는 대안 화폐가 될 것이며, 투자로 보유해도 장기적으로 상승할 안전 자산이다.
② 비트코인은 대안 화폐가 될 것이나, 보유하면 장기적으로 하락할 위험 자산이다.
③ 비트코인은 대안 화폐가 될 수 없으나, 보유하면 장기적으로 상승할 안전 자산이다.
④ 비트코인은 대안 화폐가 될 수 없으며, 보유해도 장기적으로 하락할 위험 자산이다.

주장(논지)

(한 문장으로 주제에 관한 조의 입장을 쓰세요.)

NOTE

찬성측 입론 (입론을 구성하는 근거는 왼쪽 칸에 1~2문장으로 쓰고, 이 근거의 핵심 내용은 오른쪽 칸에 구체적으로 작성하세요. 그리고 입론 발표할 때, 작성된 내용을 그냥 읽는 방식이 아니라 상대 토론자가 내용을 정확히 이해할 수 있도록 예의 바르고 상세하게 근거와 내용을 발표하세요.)	찬성측 입론[6]
	1. (찬성측 1번)
	2. (찬성측 2번)
	3. (찬성측 3번)

6) **'입론'**은 논제에 관한 찬성 혹은 반대 입장이 옳다는 것을 증명(정당화)하는 과정이면서 동시에 그 내용이기도 합니다. 따라서 입론은 찬성과 반대 각 입장의 옳음을 입증할 수 있는 근거로서의 세부 주장과 이 세부 주장의 근거(이유)로 구성됩니다. 찬성측과 반대측 모두 각자의 입론을

입론의 구체적 내용

토대로 토론에 참여하기 때문에, 입론은 찬성측과 반대측이 전투를 위해 서로 세운 전초기지와 같습니다. 이 기지가 튼튼하게 만들어져야 토론도 잘 할 수 있으며, 이에 입론을 구성하는 내용을 명확하면서도 설득력이 크도록 작성해야 합니다.

반대측 질문과 반론 (찬성측 입론을 들으면서 미리 작성해야 합니다. 필요한 경우 작성을 위한 작전 시간 요청이 가능합니다. 질문과 반론의 내용은 입론에 활용될 수 있으니, 질문을 통해 무엇을 얻고, 이렇게 얻은 것을 효과적으로 반론으로 연결할 방안을 생각하세요.)	반대측 질문과 반론[7]
	1. (찬성측 1번에 대해 반대측 4번)
	2. (찬성측 2번에 대해 반대측 5번)
	3. (찬성측 3번에 대해 반대측 6번)

7) **'질문과 반론'**은 상대측의 입론을 약화하여, 자신의 입론을 강화하기 위한 전략적 과정이다. 따라서 질문과 반론은 단지 궁금함을 해소하기 위한 과정이 아니라, 주로 상대측의 입론 중 약점이나 그 약점과 관련하여 명확히 내용을 확정하기 위한 과정이다. 예를 들어, 상대측의 입론 발표 중 어떤 내용을 언급하면서, 그렇게 발표한 것이 맞는지, 그리고 그 발표 내용을 이렇게 이

질문의 요지와 반론 이유 설명

해할 수 있는 것인지를 물어 내용을 확정하고, 그렇게 확정된 내용이 갖는 문제점을 반론으로 제시하여, 청중이 상대측의 입론 내용만 듣고 판단하는 것을 유보토록 하는 것이다. 그리고 이 문제점은 추후 자신측의 입론 과정에서 활용할 수 있다. 이를 위해 '질문과 반론'을 시작하기 전, 내용 정리를 위한 작전 시간을 가질 수 있다.

	반대측 입론
반대측 입론 (입론을 구성하는 근거는 왼쪽 칸에 1~2문장으로 쓰고, 이 근거의 핵심 내용은 오른쪽 칸에 구체적으로 작성하세요. 그리고 입론 발표할 때, 작성된 내용을 그냥 읽는 방식이 아니라 상대 토론자가 내용을 정확히 이해할 수 있도록 예의 바르고 상세하게 근거와 내용을 발표하도록 하세요.)	1. (반대측 1번)
	2. (반대측 2번)
	3. (반대측 3번)

구체적 내용

	찬성측 질문과 반박
찬성측 질문과 반박 (반대측 입론을 들으면서 미리 작성해야 합니다. 필요한 경우 작성을 위한 작전 시간 요청이 가능합니다. 질문과 반론의 내용은 입론에 활용될 수 있으니, 질문을 통해 무엇을 얻고, 이렇게 얻은 것을 효과적으로 반론으로 연결할 방안을 생각하세요.)	1. (반대측 1번에 대해 찬성측 4번) 2. (반대측 2번에 대해 찬성측 5번) 3. (반대측 3번에 대해 찬성측 6번)

구체적 내용

자유토론8)	(찬성측 · 반대측 한 번씩 번갈아 진행)
주장 재확인 혹은 수정	(주장이 유지 혹은 수정된 이유 작성)

8) **'자유토론'**은 앞서 진행된 토론과 달리 별도의 형식을 갖추지 않는 토론입니다. 그렇다고 아무렇게나 진행되어서는 안 됩니다. 앞의 형식적 토론이 반대측의 입론에 관한 찬성측의 <질문과 반박>으로 끝났기 때문에, 자유토론은 **반대측에서 시작**합니다. 구성원 간 특정한 발표 순서는 없으며, 누구라도 발언을 할 수 있습니다. 그리고 반대측 발언 후, 찬성측 발언이 같은 방식으로 이어집니다. 기본 원칙은 각 측 구성원 한 명씩 돌아가며 발표하며, 제한된 시간 내에 마치면 됩니다. 자유토론의 내용도 차후 글쓰기에 활용되기 때문에, 각자 중요한 내용은 <자유토론> 작성란에 기록해두고 글쓰기에 활용하기 바랍니다.

글쓰기

* (A)~(E)의 요약 내용과 토론 내용을 자료로, 논의주제 ①~④ 중 하나에 관한 각자의 입장을 설득력 높게 제시하는 글을 완성하세요. 글을 완성하기 위해 다음 서식을 활용하여 글을 쓰세요.

주차 과제 학과 : 학번 : 성명 :

I. 도입(- 글에서 다루는 논제(주제)와 그 논제가 다루어져야 하는 중요성을 제시하세요)

II. 본론

1. 입장 선택 기준 제시(- 논제와 관련하여 설득력을 높일 수 있는 기준 및 이를 위해 필요한 정보를 제시하세요.)

2. 선택한 입장(주장)과 그 입장이 옳은 이유(근거) 제시(- 본인이 선택한 입장을 명확히 쓰고, 선택한 입장이 옳은 이유(근거)를 제시문과 토론 내용을 활용하여 체계적으로, 예를 들어 '핵심근거 - 세부근거 - 사례' 순으로 쓰세요.)

3. 가능한 반론 제시(- 내가 선택한 입장에 대하여 제기될 수 있는 반론을 제시문과 토론 내용을 활용하여 체계적으로, 예를 들어 '반론의 핵심 근거 – 세부 근거 - '사례' 순으로 쓰세요.)

4. 제기된 반론에 대한 재반론(- 토론 내용을 활용하여, 제기된 반론의 핵심 근거를 반박하여 재반론하고, 이를 통해 자신이 선택한 입장의 정당성을 부각할 수 있도록 쓰세요.)

III. 마무리(- 본론의 핵심을 정리 · 요약하고, 자신의 입장에서 관련 사안이 향후 어떻게 전개될 것인지 전망하는 내용이나 함축점을 추가하세요).

참고문헌

노르베르트 헤링, 『21세기 화폐전쟁』, 박병화 옮김, 율리시즈, 2019.
바비 C. 리, 『비트코인의 미래』, 김동규 옮김, 시프, 2021.
서대호, 『종이화폐에서 탈출하라』, 반니, 2023.
이시즈미 간지, 『비트코인이 금화가 된다』, 이해란 옮김, 국일증권경제연구소, 2017.
이정훈, 『비트코인 초보자가 가장 알고 싶은 최다질문 TOP 64』, 메이트북스, 2021.
최윤식, 『암호화폐 넥스트 시나리오』, 길벗, 2022.

Chapter 4

기후, 환경, 에너지

Ⅰ. 글 안내 : 기후 변화의 환경과 에너지에 대해 고민해야 하는 이유

기록적인 폭염과 한파, 폭우, 가뭄, 산불 등 갈수록 심화되는 지구촌 환경의 변화는 이제 누구나가 실감하는 피할 수 없는 문제가 된 듯합니다. 그럼에도 기후운동가 조지 마셜(Geroge Marshall)의 지적처럼 기상 이변은 '그때만 지나가면' 괜찮아 보이는 문제로 치부되곤 하는 것이 현실입니다. 그의 말처럼 여전히 우리는 기후 변화를 "지금 당장 우리에게 큰 영향을 미치는 일이 아니"고 또 "우리가 어떻게 해볼 수 없는 일"로 여기고 있는지 모릅니다. 그래서 기후 변화를 생각해 봤자 우울과 무기력 등 비관주의에 빠질 뿐이며 그런 이유로 "친구들과도 기후 변화에 관한 이야기는 아예 안 하는 게 낫겠다"는 심정이 되어 자발적인 외면과 회피, 침묵을 선택해 온 건 아닐까요? 또는 '다른 사람들이, 국가가, 유엔이 알아서 해 주겠지', '기술 발전으로 모두 해결될 거야' 식의 낙관주의에 기대어 '아몰랑'을 선택하고 있는 건 아닐까요? 그러나 기후 변화에 대한 무관심이 계속된다면『6도의 멸종』의 저자 마크 라이너스(Mark Lynas)는 인류를 포함한 모든 지구 생명체의 종말이 '21세기 내'에 다가오리라 경고하고 있습니다. 이를 믿고 싶지 않지만, 그의 말처럼 어쩌면 우리의 운명이 서서히 데워지는 냄비 속 개구리 신세 같다고 여겨지는 것도 기우는 아닙니다.

그런 점에서 이번 챕터의 첫 번째 목적은 기후 변화의 심각성부터 인식해 보자는 데 있습니다. 지구 온난화 하면 일견 떠오르는 북극곰 이야기를 또 하자는 건 아닙니다. 먼 곳의, 나와는 직접적 상관이 없다고 치부되곤 하는 불쌍한 북극곰보다도, 해마다 우리 모두가 겪는 '폭염'에 대해 살펴보는 것이 기후 변화의 심각성과 직핍성을 깨닫고 뭔가 적극적 조치를 취해야 한다는 자각과 실천을 다지는 데 도움이 되리라는 판단에서입니다. 글 (A)를 통해 폭염이 그저 내 한 몸 괴로운 여름 한철 문제가 아니라 식량 부족과 물가 폭등, 신종 팬데믹의 창궐 및 GDP 감소와 여러 사회 문제, 심지어 혐오와 분열, 갈등과 분쟁을 야기하는 주된 원인으로 작용하고 있음을 알아보려 합니다.

다음으로 이어지는 글들은 융복합적 시야를 제공하기 위한 목적을 겸하고 있습니다. 기후 변화가 관련 과학뿐 아니라 경제학 같은 여타 학문들에서 어떻게 다뤄지고 있는지가 그것입니다. 기후 변화에 대해 비관하거나 좌절하지 말고 그 '위기'의 현실을 어떻게 새로운 경제 성장의 '기회'로 만들 수 있을지, 과연 실제 사례들이 존재하는지를 재생에너지(태양광, 풍력, 물, 바이오, 지열로 생산한 전기)가 부각되고 있는 현장을 통해 알아보려 합니다. 그 과정에서 자연스럽게 '에너지 분야'로 탐구의 폭도 넓히고자 합니다.

기후 변화의 시대를 위한 재생에너지 문제를 다룬 후에는, 마지막으로 에너지 분야 중에서도 근래의 뜨거운 이슈인 소형모듈형원전 SMR(Small Modular Reactor)을 살펴보려 합니다. SMR은 AI 시대의 도래로 인해 더욱 긴급해진 전력 충당을 위한 해답의 하나라는 시사점이 있습니다. 또한 기후 변화의 가속을 막는 탈탄소 에너지임을 자처하며 기존의 화력과 대형 원자력 및 재생에너지의 대안으로도 언급되고 있습니다. 물론 SMR이 과연 탈탄소 친환경 에너지인지에 대한 의구심과 반론도 만만치 않게 존재합니다. SMR에 대한 찬반의 주장과 논리를 파악하고 동료 학우들과 토론 후 글 쓰는 과정을 통해 기후 변화와 AI 시대를 맞이한 지금, 우리에게 유용한 에너지가 과연 무엇인지를 생각하면서 자가견(自家見)을 세워보는 시간이 되기를 기대합니다.

Ⅱ. 다음 글을 읽고 생각해 봅시다.

(A)

지난 5월 멕시코 남부 연안에서 유카탄검은짖는원숭이 83마리가 높은 나무에서 사과처럼 우수수 떨어져 죽은 채로 발견됐다. 사인은 심각한 탈수와 고열 증세였다. 2021년 미국 태평양 북서부 연안에서는 아직 날 줄도 모르는 새끼 독수리 수십 마리가 불구덩이처럼 달궈진 둥지 위에서 투신했다.

지구 북반구를 휩쓸고 있는 무더위는 자연에 서식하는 동물 뿐 아니라 인명 피해를 야기한다. 섭씨 50도까지 올라간 인도에서는 100명 이상이 열사병으로 숨졌고 사우디 성지순례 사망자도 1000명을 넘어섰다. 한국 역시도 예외가 아니다. 물가 폭등, 슈퍼 산불과 전염병에 이르기까지, 폭염은 우리 삶을 전방위로 압박할 것이다.

신간 '폭염 살인'은 전 세계 곳곳을 돌아다니며 기후 문제를 취재한 기자 제프 구델이 폭염에 시달리는 지구촌의 모습을 전한다.

극한 더위를 가리키는 폭염은 차가운 공기를 순환시키는 제트 기류의 흐름이 지구 온난화로 예측 불가하게 꼬이면서 기온이 상승하는 기후 재앙이다. 지구 온난화가 가속될수록 폭염의 기습은 더 예측하기 어려워진다. 최근 한 연구에 따르면 오늘날 폭염이 일어날 확률은 산업화 시대 초기에 비해 150배나 높아졌고, 산불이 난 듯 치솟은 바다 온도는 해마다 최고치를 경신하고 있다. 책에 따르면 2019년 기준 48만 9000명에 달하는 세계 폭염 사망자는 허리케인과 태풍, 수해 등 자연 재해로 인한 사망자의 합계를 훨씬 웃돈다.

저자는 평균 기온 45도를 웃도는 생존 위협을 겪는 파키스탄부터 시카고, 사라져가는 남극에서 파리까지 가로지르며, 우리 일상과 신체, 사회 시스템을 극한으로 몰아붙이는 폭염의 참상을 낱낱이 기록한다. (a)또 한때 풍요의 땅이었으나 이제는 죽음의 땅으로 변모한 '매직 밸리', 리오그란데 계곡과 수확량이 절반으로 줄어버린 텍사스 옥수수 경작지를 찾아가 절망하는 농부들의 목소리를 생생하게 전한다.

지구 곳곳에서 폭염으로 인해 야생 동물과 인간의 거주지 이동이 불가피하게 이뤄지고 있다. 육상 동물들은 현재 10년마다 약 20km씩 북상하고 있으며, 대서양의 경우 같은 기간 동안 160km, 산호마저도 매년 약 32km씩 북쪽으로 이동한다. 따뜻해진 해류로 해수면이 상승하며 해안 도시의 주민들도 집을 버리고 이주를 택한다. 남극의 붕괴를 처음 포착한 기후학자 존 머서는 서남극의 빙상이 녹아 해수면이 5m 상승하면 플로리다와 네덜란드는 지도에서 사라질 것이라 이미 경고했다. 인천, 부산 등 한국의 해안 도시들도 전 지구적 기후 이주 대열에서 자유로울 수 없다.

또 폭염은 노동 생산성에도 영향을 미친다. 이 책에 따르면 평균 기온 1도씩 상승할 때마다 미국의 국내총생산(GDP)의 약 1%인 3000억 달러(약 4조원)가 증발한다. 폭염 아래 야외 노동은 불가능하고, 설비의 고장 역시 늘어나기 때문이다. 2020년 미국에서 극단적 더위로 인한 노동자의 생산성 저하는 1000억 달러의 손실을 불러왔고 이 손실액은 2050년 5000억 달러까지 증가할 것으로 추산된다. (b)이 같은 생산 시설과 노동 생산성의 감소 끝에 우리가 마주하게 되는 것은 생존마저 위협하는 마트의 '가격표'다.

열은 우리의 사회 시스템마저 붕괴시킨다. 통계에 따르면 지구 기온이 1도 올라갈 때마다 자살과 유산이 늘어난다. 혐오 발언과 강간 사건을 비롯한 각종 강력 범죄 빈도가 높아진다. 저자는 "지구상 모든 존재의 생존뿐 아니라 우리 사회의 정치 · 경제적 문제가 골딜록스 존(Goldilocks zone), 즉 생존 가능 영역 밖으로 한 발짝 내딛었다"고 말한다.

저자는 산업 구조, 질병 알고리즘, 기후 과학을 망라하며 살인 폭염에 대처하기 위한 과학적 근거와 해결 방안을 고민한다. 세계 국가들이 폭염에 대비해 도시의 얼굴을 바꾸는 이때, 우리는 어떻게 대안을 마련하고 있을까. 저자는 "폭염 살인을 잘 대비하고 있는지 물어야 할 때"라고 경고한다.[1)]

---

1) 장윤서, 「[신간] 폭염 살인: 더위는 우리 삶을 어떻게 파괴하는가」, 『조선비즈』, 2024. 6. 21.

내용 이해하기

* 글을 읽고 다음의 질문에 답해봅시다.

1. 위 글은 제프 구델(Jeff Goodell)의 저서 『폭염 살인』(왕수민 역, 웅진지식하우스, 2024)을 읽고 쓴 서평입니다. 글의 구조와 흐름을 파악하면서 서평의 시작과 끝 부분이 어떻게 작성되었는지 검토, 감상해 보세요.

2. 글에 소개된 지명이나 사건 등을 영상으로 찾아보면 구체적인 실감이 생기는 효과가 있습니다. 밑줄 친 (a)의 리오그란데 지방이 폭염으로 겪게 된 현실을 유튜브 영상 「'리오그란데강' 둘러싼 '물 분쟁'… 기후 위기로 갈등 고조」(『MBN NEWS』, 2024. 7. 15)로 확인해 보세요.

3. 밑줄 친 (b)가 뜻하는 바를 "마트의 '가격표'"와 연관 지어 이해해 보세요.

4. 아래의 템플릿을 통해 위 서평에 소개된 『폭염 살인』의 내용을 체계적으로 정리한 후 요약해 봅시다.

<table>
<tr><td>논의 주제</td><td>폭염에 대처해야 하는 이유는 무엇인가?</td></tr>
<tr><td rowspan="6">세부 내용
(근거와 세부근거)</td><td>1. 폭염은 지구 온난화와 제트 기류의 이상으로 생겨난 (　　　　)이다.</td></tr>
<tr><td>2. 폭염은 직접적으로 (　　　　)을 앗아간다.</td></tr>
<tr><td>2.1. 인간의 경우 2019년도 세계 폭염 사망자 수는 각종 자연 재해로 인한 사망자보다도 (　　　　).</td></tr>
<tr><td>3. 폭염은 정치, 경제, 사회적 문제까지를 야기한다.</td></tr>
<tr><td>3.1. 물 부족으로 인해 외교 분쟁과 식량 생산 감소를 일으킨다.
3.2. 야생 동물과 인간을 고향을 떠나도록 강제 이주시킨다.
3.3. 빙상을 녹여 해수면을 상승시킴으로써 (　　　　)을 침수시킨다.
3.4. (　　　　) 저하를 낳는다.
3.4.1. 이로 인해 해당 국가의 (　　　　)가 감소한다.
3.4.2. 생산품 (　　　　)에 차질이 생겨 (　　　　)이 발생한다.
3.5. 자살과 (　　　　)이 늘어난다.
3.6. (　　　　) 발언과 각종 강력 범죄가 증가한다.</td></tr>
<tr><td>3. 폭염에 대처하기 위한 과학적 근거와 (　　　　)을 찾아야 한다.</td></tr>
<tr><td>주장</td><td>폭염은 생명체의 목숨뿐 아니라 여러 정치, 경제, 사회적 문제까지를 야기하므로 해결책을 반드시 찾아야 하는 당면 과제이다</td></tr>
<tr><td>글 요약</td><td>(논의 주제와 세부 내용을 연결하여 하나의 글로 작성)</td></tr>
</table>

해석하기

폭염을 예로 하여 기후 변화의 심각성을 깨달았고, 파생되는 사회경제적 문제들도 이해했다면, 이제는 그에 대처하는 전 세계의 노력들을 알아볼 차례입니다. 아래의 글들은 기후 변화의 문제가 경제 분야로도 확산된 상태이며 그에 대처하는 각 국가들과 기업들의 현황이 어떠한지를 보여주고 있습니다. 특히 기후 변화를 완화하기 위한 탈탄소의 노력으로써 재생에너지로의 전환이 전면적으로 확대, 시행되고 있음에 주목할 필요가 있습니다. 아래의 글들을 읽고 해석하기 활동을 수행하시기 바랍니다.

(B)

"기후 위기는 환경 문제를 넘어 경제 문제로 확장되고 있습니다. '탈(脫)탄소 경제'를 중심으로 국제 무역규범이 재편되고 있는 것이죠. 우리나라 산업 전체가 도약과 나락의 중차대한 갈림길에 서 있습니다."

홍종호 서울대 환경대학원 교수(61)는 최근 헤럴드경제와의 인터뷰에서 "지금 우리는 기후 위기로 인한 세계사적인 부(富)의 대전환기에 놓여 있다"며 이같이 말했다. 그는 1980년대부터 경제학의 렌즈로 기후 위기를 들여다 본 국내 최고 권위의 환경경제학자다. 그는 소비자와 생산자로 이뤄진 기존 경제 모형에 '자연 환경'이라는 제3의 주체를 포함시켜 환경과 경제가 포함된 통합적인 접근으로 연구를 해왔다. 물론 기업은 그를 부담스러워 했다. 그러나 홍 교수는 "30년 가까이 환경경제학자로 활동하면서 최근 3년간 기업 관계자들과 이렇게 말이 잘 통하는 경우가 없었다"고 말한다.

홍 교수는 자본주의가 '기후'를 중심으로 완전히 뒤바뀌고 있다고 설명했다. 기후 경쟁력이 기업 경쟁력이자 국가 경쟁력인 시대라는 의미다. 특히 그는 소극적인 기후 정책으로 사실상 유명무실한 정부의 역할을 대기업을 중심으로 한 시장이 일부 대체하고 있는 현상을 의미심장하게 보고 있다.

그는 "그동안 기업의 자율에 맡겨진 ESG(환경 · 사회 · 지배 구조)가 '규제화'되고 있다"며 "그동안 기업이 투자자에 초점을 맞춰 자발적으로 ESG 대응을 해왔다면, 이제는 국가별로 규제화되는 ESG 대응에 적극적으로 나서야 하는 상황"이라고 진단했다.

그는 이어 "정치권이 해묵은 에너지 이념 논쟁에만 갇혀 있으면 글로벌 시장을 무대로 하는 대기업은 한국을 조용히 떠날 채비를 할 수밖에 없다"며 "기후 경영은 우리나라를 대표하는 기업들에게 당장 발등에 떨어진 불이고, 결국에는 일자리를 비롯한 한국 경제를 초토화하느냐 마느냐를 결정짓는 문제"라고 설명했다.

2022년 9월 벌어진 '사건'이 대표적인 방증이다. 국내 전력 사용량 1위인 삼성전자가 결국 생산에 필요한 전력을 모두 재생에너지(태양광, 풍력, 물, 바이오, 지열로 생산한 전기 : 인용자 주)로 충당하겠다는 'RE100'에 동참하기로 선언한 것이다.

앞서 지난 2018년 미국 시가총액 1위 기업인 애플은 RE100 가입을 선언했다. 2030년까지 RE100을 달성하겠다는 애플은 거래 관계를 맺고 있는 모든 공급망 기업들에게도 이를 요구했다. 애플에 반도체를 납품하는 주요 협력사가 바로 삼성전자다. 삼성전자가 RE100을 제때 충족하지 못하면 애플은 2020년 이미 RE100에 가입한 대만의 TSMC로 거래처를 옮길 수도 있다. 현재 대만은 거대 규모의 해상풍력 단지 조성에 박차를 가하고 있다.

홍 교수는 "2020년대는 탈탄소 국제 무역규범이 완전히 정착되는 10년"이라며 (c)"한국에서 RE100이 불가능하다는 판단이 나오면, 해외 기업들의 한국 내 투자는 일어나지 않을 것"이라고 덧붙였다.

RE100이 민간과 시장 주도로 이뤄지는 기후위기 대응 노력이라면, 유럽연합(EU)이 오는 2026년부터 본격 도입하는 '탄소국경조정제도(CBAM)'는 국가 주도로 이뤄지는 강력한 환경 무역규제 정책이다. CBAM은 탄소 감축 노력에 진정성을 보이지 않는 국가의 기업을 상대로 물건을 수입할 때마다 세금을 매기겠다는 제도다. 전통적인 국제무역 질서와 규범을 넘어선 파격적인 '뉴노멀'이다.

홍 교수는 "CBAM이 세계무역기구(WTO)가 지향하는 자유무역 규범에 어긋난다고 생각할 수 있지만, '탄소 배출 때문에 우리 국민의 건강과 생명이 위협받는다'는 정당성으로 실효성 높은 조치로 인정될 소지가 높다"며 "유럽연합이 WTO 무역규범과 충돌하지 않으면서 CBAM 전격 시행을 자신하는 속내"라고 분석했다.

그는 이어 "인도와 같은 개도국에 대해서는 일부 유예해 줄 수도 있지만, 한국의 경우 그럴 가능성은 0%"라고 꼬집었다. 세계 경제의 탄소 중립에 대한 압박은 한국을 겨냥한 성격이 짙기 때문이다. 홍 교수는 "한국은 탄소 경제를 통해 선진국 반열에 진입한 대표적인 국가"라고 덧붙였다. 그는 한국이 재생에너지를 주요 발전원으로 가져가지 않으면 탈탄소 경제는 달성하기 어려운 과제라고 말했다. 그러면서 우리나라 날씨가 재생에너지에 맞지 않는다는 것은 '대단한 오해'라고 지적했다.

실제로 북위 33~55도에 위치한 한국은 북위 48~55도에 있는 독일보다 태양광 발전에 유리하다. 연평균 일사량(1459kWh/㎡)이 독일(1056kWh/㎡)보다 많기 때문이다. 하지만 태양광을 포함한 독일의 재생에너지 비중(경제협력개발기구(OECD) 자료)은 2020년 현재 18.6%로, 한국

(3.6%)보다 5배 이상 많다.

홍 교수는 "태양광 시설을 설치하기에는 (독일보다) 우리나라의 여건이 훨씬 좋은 것이 사실"이라며 "산이 많고 3면이 바다인 우리나라가 육상 풍력과 해상 풍력을 하지 못할 이유도 없다"고 말했다.[2]

(C)

홍종호 서울대 환경대학원 교수는 "유럽 신재생에너지 강국의 에너지원별 발전 단가를 보면 한국과 반대로 원전은 단가가 비싸고 해상 풍력이나 태양광은 상대적으로 저렴해지는 추세"라며 "이는 신재생에너지 전환을 위한 각국 정부의 의지를 반영한 결과"라고 말했다. 홍 교수는 (d) "국내 대기업들도 사용 전력을 100% 재생에너지로 조달하는 'RE100'에 가입하는 사례가 잇따르고 있을 정도로 신재생에너지 전환은 이미 거스를 수 없는 시대적 흐름이 됐다"며 "새 정부가 위험성이 큰 원전 중심의 에너지 정책에 집중할 게 아니라 신재생에너지 비중 확대에 방점을 찍으면서 원전을 활용하는 상호 보완하는 방식으로 에너지 믹스 정책을 펼쳐야 한다"고 말했다.[3]

---

2) 이정아, 「홍종호 교수 "기후 위기는 결국 경제 문제… 이대로면 대기업 모두 한국 떠난다" [인터뷰] [2024 H.eco포럼]」, 『해럴드경제』, 2024. 4. 25.

3) 안광호, 「'원전 부활' 예고… 신재생에너지, 찬밥 신세 되나?」, 『경향신문』, 2022. 5. 1.

1. 위 글들은 환경경제학자의 인터뷰 내용을 담고 있습니다. 그가 현재의 한국과 기업들에게 재생에너지로의 발 빠른 전환과 전면적 확대를 주장하게 된 궁극적 배경은 무엇일까요? 위 글들의 대전제에 해당하는 것이기도 합니다.

2. 글 (B)는 재생에너지 시대에 대처하기 위한 기업의 역할을 강조, 설명하고자 여러 관련 용어들을 가져오고 있습니다. 글의 정확한 이해를 위해서는 용어들의 의미를 잘 파악해야 합니다. 먼저 'ESG'의 뜻을 찾아보고 기업들에게 요구되고 있는 'ESG 경영'이 무엇인지도 살펴보세요.

3. 글 (B)에서 'RE100'의 뜻을 찾아보고, 밑줄 친 (c)의 의미도 해석해 보세요. 특히 RE100에 동참하지 않는 국가와 기업에는 '해외 기업들의 투자가 일어나지 않을 것'이라 하였는데, 그로 인해 파생되는 문제가 무엇일지 예상해 보세요.

4. 밑줄 친 (d)에서처럼 RE100에 가입한 국내 기업들의 사례를 검색하여 찾아봄으로써 한국 경제에 미치는 RE100의 영향력을 알아보시기 바랍니다.

토론하기

지금까지 기후 변화에 대응하기 위한 친환경적, 탈탄소적 움직임으로서 재생에너지가 부각되고 있는 전 지구적 현실과 함께 한국의 에너지 정책도 그와 보조를 맞추어 경제 성장의 새로운 돌파구를 확보해야 한다는 목소리를 들어보았습니다. 이제부터는 여러분의 토론과 글쓰기를 위해 조건 하나를 더 추가해 보겠습니다. 이미 우리의 눈앞에 닥친 또 하나의 현실인 'AI'입니다. 기후 변화뿐 아니라 AI의 도래를 맞이하여 양쪽 모두에 대처할 수 있는 새로운 유형의 에너지가 최근 들어 특히 한국 사회에서 적극적으로 부각, 논의되고 있습니다. 바로 소형모듈원전인 SMR입니다. 다만 SMR도 원전의 한 종류인 만큼 그것의 친환경성과 안전성, 경제성과 효율성 등에 대한 찬반 논의가 뜨겁습니다. 비교적 생소한 분야인지라 충분한 배경지식을 얻을 수 있도록 제법 긴 글들로 수록합니다. 어렵지는 않으니 다 읽어보면서 SMR의 원전 에너지가 지닌 장점과 단점, 의의와 한계 등을 잘 추려보고 토론에 임하시기 바랍니다.

(D)

유럽은 체르노빌 사고의 트라우마가 여전히 남아있는지라 오랫동안 탈원전의 선두 주자였습니다. 그런 유럽이 지금 변하고 있습니다. 세계 최초의 탈원전 국가인 이탈리아는 1990년 마지막 원자로가 폐쇄된 지 35년 만에 다시 원전으로 돌아가기로 했습니다. 이탈리아뿐 아니라 벨기에도 22년 만에 탈원전 정책을 접었고, 재생에너지 강국으로 불리는 덴마크도 40년 만에 정책을 뒤집었습니다. 스위스, 스웨덴, 크로아티아 등 다른 유럽 국가들도 비슷한 움직임을 보이고 있어요.

사실 유럽의 탈(脫) 탈원전은 지난 2022년 그린 택소노미 발표 때 이미 예정된 거였습니다. 당시 EU 집행위원회는 원자력발전과 천연가스에 '친환경' 딱지를 붙여줬죠. 탈원전 대표 주자 독일은 원전의 위험성과 폐기물 문제를 지적하며 반대했지만 유럽의 원전 대국 프랑스에선 원전의 탄소 배출이 적은 점을 강조했습니다. 결국 EU에선 당장 급한 탄소 배출을 줄이기 위해 원전과 천연가스를 받아들였죠.

탈 탈원전의 속도를 가속시킨 건 최근 발생한 두 사건의 영향이 큽니다. 러시아의 우크라이나 침공과 최근 발생한 유럽 정전 사태가 그 주인공이죠. 러시아가 우크라이나를 침공한 이후 유럽 국가들에 에너지 안보 문제가 심화됐습니다. 유럽 각국은 탄소 중립 목표를 지키면서 동시에 에너지 공급 안전성을 확보해야 하는 딜레마에 빠졌어요. (… 중략 …) 이들은 왜 탈원전을 폐기하고 다시 원전으로 돌아간 걸까요? 심지어 후쿠시마 원전 사고로 엄청난 피해를 본 일본마저도 탈원전을 폐기하고 다시 원전으로 돌아갔습니다. 여전히 원전에 대한 위험성은 해결되지 않았는데 전 세계가 확 바뀐 이유가 뭘까요? 그 중심에는 차세대 원전이라 불리는 SMR이 있습니다.

SMR이 불러올 원전 르네상스?

SMR, 풀어보면 Small Modular Reactor로 소형 모듈형 원자로라는 뜻입니다. 기존의 원전과 비교해서 크기가 작고 모듈로 만들어서 현장에서 조립하는 원자로가 바로 SMR입니다.

우리나라가 개발 중인 혁신형 SMR의 부지 규모를 보면 축구장 넓이 수준에 불과합니다. 가장 최근 상업 운행을 시작한 한울 원전 부지와 비교하면 무려 570배 차이가 나죠. 일반적인 원전은 용량이 1,000메가와트인데 이렇게 작은 SMR은 300메가와트 이하입니다. (… 중략 …) 대형화된 원전은 사고가 날 경우 막대한 피해가 발생한다는 큰 문제점이 있습니다. 체르노빌이 그랬고, 후쿠시마가 그랬듯이요. 하지만 SMR은 소형이고 모듈형이라는 특징 때문에 기존 대형 원전 대비 안정성이 크게 높아졌어요. 또 기존 사고에서 반복되었던 인간의 실수를 막기 위해 SMR에는 능동형 안전 시스템이 적용되어 있죠. 기존 대형 원전 대비 안전성도 높아졌죠, 또 소규모 모듈이나 보니 부지도 적게 차지하죠. 원전의 저탄소 특성에 더해 안전성까지 갖춰진 SMR을 마다할 이유가 없는 겁니다. (… 중략 …)

SMR도 1등인 미국은 일찍부터 SMR의 미래 가치를 보고 투자해 왔어요. 2010년 오바마 정부에선 SMR을 저탄소 원자력에너지로 따로 구분해 지원했는데요, 당시 오바마 대통령은 행정 명령을 통해 SMR을 기존의 대형 원전과 분리해 '대체 에너지'에 포함시켰죠. 바이든 정부 시절에도 이러한 투자는 이어집니다. 탄소 중립과 청정 에너지 전환을 위한 혁신 기술로 SMR를 설정해 투자와 지원을 꾸준히 해왔어요. 거기에 트럼프의 4종 행정 명령까지 더해진 거죠. 정부의 지원과 투자가 늘어나는 만큼 SMR 기업에 대한 주가도 급상승하고 있습니다. (… 중략 …)

AI 기업들이 SMR에 투자하는 이유

AI 인프라에 빠져서는 안 될 것, 바로 전력이죠. 지난 GPU 편에서 다루었듯이 GPU가 워낙 전력을 많이 소비하기 때문에 GPU가 가득 찬 데이터센터의 전력 수요는 크게 늘 수밖에 없어요. AI 주도권 싸움에서 빅테크들이 승기를 잡으려면 전력을 확보하는 게 필수입니다.

AI 개발도 개발이지만, 동시에 기업들은 기후 위기에 대응하기 위한 환경 규제를 지켜야 합니다. 이를테면 데이터센터 전력의 탄소 배출량을 0으로 만드는 식으로요. 하지만 기존의 에너지로는 AI 발전과 탄소 감축, 이 두 개를 같이 가기가 힘든 상황입니다.

구글의 탄소 배출 현황입니다. 구글은 2030년까지 탄소 배출 제로라는 목표를 세웠어요. 그런데 생성형 AI 붐이 시작된 이후 탄소 배출량이 급증했죠. 그 결과 목표치와의 격차가 점점 커지고 있습니다. 2023년 탄소 배출 목표치는 6.2메가톤이었는데, 실제 배출량은 14.3메가톤으로 계획 대비 130% 이상 넘어버렸죠. 구글만 그런 건 아닙니다. 다른 빅테크 기업들도 마찬가지입니다. 마이크로소프트도 AI 개발 투자가 늘어난 이후 탄소 배출량이 30% 늘어났어요.

빅테크들이 원전 특히 SMR에 투자하는 이유가 바로 이겁니다. 원전은 다른 화석 연료와 비교해서 탄소 배출량도 적으니 탄소 감축 목표도 달성하고 또 재생에너지와 비교해서 훨씬 안정적으로 생산할 수 있으니 데이터센터용 에너지로는 알맞은 거죠. AI 기업들에게 전력 확보는 사활을 거는 일이 되었습니다. 마이크로소프트는 심지어 스리마일섬 원전과 20년 장기 계약을 맺었습니다. 1979년에 사고가 난 건 원전 2호기였는데, 사고 이후 원전 1, 2호기 모두 중단되었다가 1호기만 재가동되었어요. 재가동된 1호기도 2019년에 결국 운영이 중단됐는데, 이걸 되살릴 정도로 긴급했던 거죠. 마이크로소프트뿐 아니라 주요 테크 기업들은 최근 1년 사이에 원전과 관련된 발표를 잇달아 내놓고 있어요. (… 중략 …)

SMR과 함께, 대한민국 AI 도약 가능할까?

그렇다면 우리나라의 원전 상황은 어떻게 흘러가고 있을까요? 일단 새롭게 들어설 정부는 AI 인프라 투자에 강력한 의지를 갖고 있습니다. AI 데이터 클러스터도 만들어야 하고요, 또 GPU도 5만 장 사 와서 AI 데이터센터에 투입될 예정이죠. 이러한 인프라가 실제 작동하려면? 당연히 많은 전력이 필요하겠죠. 현재 대한민국 에너지 상황을 살펴보면 원전이 30%에 재생에너지는 10%에 못 미칩니다. 석탄, LNG 등 화석 연료가 60%가 넘는 상황입니다. (… 중략 …)

AI 발전을 위해 인프라도 늘리고, 또 그로 인해 늘어난 에너지 수요를 화석 연료로 늘릴 순 없을 겁니다. 그러면 선택지는 재생에너지와 원전뿐이죠. 일단 이재명 대통령은 SMR에 대한 투자와 연구 의지를 꾸준히 밝혔습니다. 우리나라는 SMR 분야에서 나름 경쟁력이 있습니다. 앞서 살펴본 ARIS(국제원자력기구(IAEA)에서 제공하는 계량원자로정보시스템정보 : 인용자 주)에서 대한민국은 총 9개의 SMR을 등록해서 전 세계 5위를 기록하고 있고요. (… 중략 …)

하지만 풀어야 할 숙제도 여전히 많이 있습니다. SMR을 개발해서 우리나라에 지으려고 해도 일단 부지 문제가 해결되어야 할 텐데요. 원전을 지으려면 EPZ라는 걸 설정해야 합니다. EPZ는 방사선 비상계획구역으로, 혹시 발생할 수 있는 방사선 누출 사고에 대비하기 위한 구역이에요. 현재 대한민국의 EPZ는 대형 원전 기준 최대 30km입니다. 이 기준대로라면 AI를 연구하는 산업단지 근처에 배치하기가 까다롭겠죠. (… 중략 …)

두 번째 문제는 핵폐기물 문제입니다. 이건 조금 더 복잡해요. SMR은 태생적으로 기존 원전보다 크기가 작기 때문에 같은 면적에서 더 많은 중성자가 튀어나와 더 많은 핵폐기물이 나올 수 있다는 지적이 나옵니다. 동일한 전력 생산에 대형 원전보다 SMR이 많게는 30배 더 많이 생성된다는 스탠퍼드 대학교의 연구도 있죠. 물론 업계에서는 최근 설계에서 개선된 지점이 반영되지 않았다고 비판하고 있긴 합니다만, 문제는 우리나라 상황입니다.

우리나라에 쌓여있는 핵폐기물이 거의 포화 직전이거든요. 지난해 3분기 말 기준으로 고리원전은 사상 처음으로 사용 후 핵연료 저장률이 90%를 넘겼고, 한빛원전은 2030년이면 포화에 다다를 것으로 예측되고 있어요. 하지만 여전히 방폐장 부지 선정을 못하고 있고 늘어나는 핵폐기물을 임시로 발전소에 쌓아두고 있는데 이런 상황에서 SMR을 도입한다면 어떻게 될까요?[4)]

(E)

SMR이 각광받는 건 대형 원전 사고를 획기적으로 줄일 수 있어 탄소 중립 대안이 될 것이란 기대 때문이다. 원자력 발전은 원자로 안에서 핵분열을 일으킬 때 발생하는 열로 물을 끓여 증기를 만든 뒤 이러한 증기로 터빈을 돌려 전기를 생산한다. 이 때문에 지금까지 원전 부지에는 대형 원자로와 증기 발생기, 냉각재 펌프 등이 따로따로 건설된 뒤 각종 배관으로 연결돼 있었다. SMR은 이런 원자로와 증기발생기 등 주요 기기가 하나의 용기 안에 일체형으로 들어간다. 거대 콘크리트 돔인 격납 건물도 필요 없다. (… 중략 …)

만일 사고가 나도 영향을 받는 비상 구역이 반경 300m에 불과해 주민이 대피할 일도 없다. 현재 대형 원전의 방사선 비상 계획 구역의 반경은 16km 안팎이다. 또 자연 순환 냉각 방식을 채택해 정전에도 걱정할 필요가 없고, 자동화가 가능해 운영 인력도 크게 줄일 수 있다.

공장에서 미리 모듈로 제작한 뒤 필요한 곳에 설치하면 되니 공사 기간이 짧고 비용도 적다. 모듈 수에 따라 발전 용량을 조절하는 것도 쉽다. 부품 수도 대형 원전의 100분의 1 수준인 1만 개 안팎으로 감소한다. 혁신형 SMR의 경우, 대형 원전의 절반도 안 되는 24개월이면 공사를 끝낼 수 있다. 통상 10조 원 이상 드는 대형 원전과 달리 소형 원전 건설은 1조 원 미만으로도 가능하다. (… 중략 …)

---

4) 안혜민, 「원전 안 쓴다던 그 나라들… 슬금슬금 돌아오는 이유」, 『SBS NEWS』, 2025. 6. 13, <https://news.sbs.co.kr/news/endPage.do?news_id=N1008136750>, 2025. 8. 19.

빌 게이츠 - 워런 버핏도 투자

가장 눈길을 끄는 건 빌 게이츠 마이크로소프트(MS) 창업자와 '투자의 귀재' 워런 버핏 버크셔해서웨이 회장의 행보다. 게이츠가 설립한 원전 기업 테라파워와 버핏 소유의 전력 회사 퍼시피코프는 미국 와이오밍주의 한 폐쇄 석탄 공장 부지에 나트륨을 이용한 소형 원전을 건설할 계획이다. 10억 달러를 들여 차세대 SMR의 일종인 소듐냉각고속로(SFR)가 세워진다. 액체 나트륨을 냉각재로 사용하는 SFR는 사용 후 핵연료를 재사용하는 만큼 방사능 폐기물도 크게 줄일 수 있는 것으로 알려졌다. 지난 2월 출간된 '빌 게이츠, 기후 재앙을 피하는 법'에서 그는 "기후 변화를 피하려면 온실가스 배출을 멈춰야 한다"며 "원전 기술 혁신을 통해 이를 해결하고 게임 체인저가 될 것"이라고 주장했다. (… 중략 …)

SMR은 기후 변화를 막고 탄소 중립 목표를 달성할 수 있는 유일한 대안이라는 게 원자력 업계 주장이다. 4차 산업혁명 시대 데이터 통신 폭증과 전기차 대중화로 전기 사용량은 급증할 수밖에 없다. 이에 따라 지구 온난화를 막고 탄소 중립을 이루려면 탄소를 배출하지 않는 발전을 늘리는 게 중요하다.

재생에너지로는 탄소중립 불가능

물론 태양광과 풍력, 수력 등 청정 발전의 비중을 늘릴 순 있지만 한계가 있다. 재생에너지는 기상 상황에 따라 변동성이 크고 수요의 변화에 따른 탄력 대응도 어렵다. 갑자기 전기 수요가 커졌는데 날씨가 흐리거나 바람이 안 불면 태양광이나 풍력 발전은 할 수 없다. 우리나라에서 전력 수요가 가장 큰 때는 여름 낮인데 태양광 발전 효율은 5월이 가장 높은 것도 미스매치이다. 국토는 넓지 않고 산업 에너지 사용량은 큰 우리나라가 태양광과 풍력만으로 에너지 수요에 탄력 대응하는 건 힘들다. 반면 SMR는 응답성이 높다. 필요할 때마다 쉽게 껐다 켰다 할 수 있다.

"시제품도 없다, 실체 없는 사기"

그러나 다른 쪽에서는 SMR은 '실체가 없는 사기'라고 반박한다. 크기를 아무리 작게 만든다고 해도 원전의 위험이 사라지는 건 아니라는 지적이다. 오히려 소형 원전은 같은 양의 전기 생산을 위해선 대형 원전보다 더 많은 사이트에 원자로를 건설해야 한다. 위험이 분산될 뿐 사고 확률은 더 커질 수도 있다.

한국원자력연구원과 한국전력기술에서 설계 업무 등을 하다 나온 이정윤 원자력안전과미래 대표는 “SMART는 당초 러시아제 핵 잠수함의 원자로를 원형으로 한 것인데 결국 미국이 승인하지 않아 시제품도 만들지 못한 원자로”라며 “원전 기득권 세력이 막대한 연구 · 개발비를 계속 확보하기 위해 이미 실패한 SMART를 다시 꺼낸 것”이라고 주장했다.

“경제성도 대형 원전보다 떨어져”

이 대표는 SMR의 경제성도 부인했다. 발전 용량 1,000MW 대형 원전을 짓는 데 3조 원가량 드는데 100MW짜리 SMR을 세우는 데 1조 원이 들기 때문이다. 작게 지으니 비용이 적은 듯 보이지만 kW당 발전 단가는 대형 원전에 비해 3배가량 높아 경제성이 떨어진다. 이 때문에 그동안 SMR은 대형 원전에 밀려 뒷전이었다는 게 그의 설명이다.

실제로 어디에 지을지도 해결책이 안 보인다. 5,000억 원 이상 쏟아부은 SMART는 2012년 설계 인증에도 국내에선 어느 곳도 주민들이 동의하지 않아 세울 수 없었다. 결국 2015년 사우디아라비아와 양해 각서를 맺고 수출을 추진했지만 이후 진척은 지지부진하다. 사우디가 SMART에 관심을 보인 것도 사실 민간 발전보다는 이를 통해 핵무기 개발 기술을 얻고 인력을 교육시키는 데 더 큰 목적이 있었다는 게 이 대표의 귀띔이다. 중동에서 이란과 맹주 자리를 다투는 사우디는 이란 핵 개발에 대응해야 하는 상황이다. (… 중략 …)

이 대표는 “빌 게이츠가 SMR에 대해 관심을 갖는 건 억만장자의 지적 유희”라며 “그가 한국이나 중국과 공동 사업을 하려는 것도 위험 회피 차원”이라고 주장했다. 그는 “후쿠시마 원전 사고 후 독일은 모든 원전을 폐기하기로 했고 이젠 재생에너지로 생산한 전기를 수출까지 한다”며 “지금 당장 전기가 필요하다고 대형이든 소형이든 원전을 만들어 영원히 해결되지 않을 핵폐기물을 후대에 물려주는 건 윤리적으로도 옳지 않다”고 역설했다.[5]

---

* 위의 글들에서 소개, 설명된 SMR의 긍정적인 면들과 부정적인 면들을 검토한 후 자신의 입장과 생각을 정리해 보시기 바랍니다. 정리된 생각을 바탕으로 교수자 및 동료들과 의견을 나누어봅시다. 바로 토론에 들어가기 어렵다면 다음의 템플릿을 활용하시기 바랍니다.

5) 박일근, 「버핏도 투자한 소형 원전 SMR… ‘탄소 중립 대안’ vs ‘실체 없는 사기’」, 『한국일보』, 2021. 6. 21.

1) 각자 다음 서식을 사용하여 내용을 정리한 후, 동료들과 토의해봅시다.

저자의 글 정리	이유 제시
① 두 글 모두에서 당연하게 여기고 있는 '전제'는 무엇일까요.	그 내용을 전제로 본 이유를 설명하세요.
→	→
② 두 글에서 설명한 SMR의 의의를 찾아 정리하세요.	두 글에서 SMR의 의의를 전하기 위해 근거로 든 SMR의 장점들을 찾아 정리하세요.
→	→

③ 두 글에서 설명한 SMR의 한계를 찾아 정리하세요.	두 글에서 SMR의 한계를 전하기 위해 근거로 든 SMR의 단점들을 찾아 정리하세요.
➜	➜

2) 각자 작성한 ①~③의 내용 토의 과정에서 다음의 서식을 각자 작성해보도록 합시다. 단, 토의 전에 작성 서식 항목을 확인하시기 바랍니다.

자신의 분석과 설명보다 장점이 있는 분석과 설명 판단	
장점을 발견하지 못한 경우	장점을 발견한 경우
판단 이유 제시	↓
	동료 의견 수용을 통한 자신의 의견 수정·보완
➜	➜
↓	
자기 입장 유지	

3) 마지막으로 팀별 토의를 통해 다음 서식을 작성하도록 합시다. 단, 팀은 같은 입장을 가진 사람끼리 구성하고, 토론은 입장이 다른 팀과 진행합니다.

토론 주제
기후 변화와 AI의 시대에 도모해야 할 새로운 에너지는?
주장(논지) (아래의 ①부터 ③ 중 하나를 선택하세요)
① 재생에너지는 문제가 있으므로 SMR을 적극 확대해야 한다. ② SMR은 문제가 있으므로 재생에너지를 적극 확대해야 한다. ③ 재생에너지와 SMR의 에너지 믹스(mix)가 필요하다.

NOTE

찬성측 입론 (입론을 구성하는 근거는 왼쪽 칸에 1~2문장으로 쓰고, 이 근거의 핵심 내용은 오른쪽 칸에 구체적으로 작성하세요. 그리고 입론 발표할 때, 작성된 내용을 그냥 읽는 방식이 아니라 상대 토론자가 내용을 정확히 이해할 수 있도록 예의 바르고 상세하게 근거와 내용을 발표하세요.)	찬성측 입론[6]
	1. (찬성측 1번)
	2. (찬성측 2번)
	3. (찬성측 3번)

6) **'입론'**은 논제에 관한 찬성 혹은 반대 입장이 옳다는 것을 증명(정당화)하는 과정이면서 동시에 그 내용이기도 합니다. 따라서 입론은 찬성과 반대 각 입장의 옳음을 입증할 수 있는 근거로서의 세부 주장과 이 세부 주장의 근거(이유)로 구성됩니다. 찬성측과 반대측 모두 각자의 입론을

입론의 구체적 내용

토대로 토론에 참여하기 때문에, 입론은 찬성측과 반대측이 전투를 위해 서로 세운 전초기지와 같습니다. 이 기지가 튼튼하게 만들어져야 토론도 잘 할 수 있으며, 이에 입론을 구성하는 내용을 명확하면서도 설득력이 크도록 작성해야 합니다.

	반대측 질문과 반론[7]
반대측 질문과 반론 (찬성측 입론을 들으면서 미리 작성해야 합니다. 필요한 경우 작성을 위한 작전 시간 요청이 가능합니다. 질문과 반론의 내용은 입론에 활용될 수 있으니, 질문을 통해 무엇을 얻고, 이렇게 얻은 것을 효과적으로 반론으로 연결할 방안을 생각하세요.)	1. (찬성측 1번에 대해 반대측 4번) 2. (찬성측 2번에 대해 반대측 5번) 3. (찬성측 3번에 대해 반대측 6번)

7) **'질문과 반론'**은 상대측의 입론을 약화하여, 자신의 입론을 강화하기 위한 전략적 과정이다. 따라서 질문과 반론은 단지 궁금함을 해소하기 위한 과정이 아니라, 주로 상대측의 입론 중 약점이나 그 약점과 관련하여 명확히 내용을 확정하기 위한 과정이다. 예를 들어, 상대측의 입론 발표 중 어떤 내용을 언급하면서, 그렇게 발표한 것이 맞는지, 그리고 그 발표 내용을 이렇게 이

질문의 요지와 반론 이유 설명

해할 수 있는 것인지를 물어 내용을 확정하고, 그렇게 확정된 내용이 갖는 문제점을 반론으로 제시하여, 청중이 상대측의 입론 내용만 듣고 판단하는 것을 유보토록 하는 것이다. 그리고 이 문제점은 추후 자신측의 입론 과정에서 활용할 수 있다. 이를 위해 '질문과 반론'을 시작하기 전, 내용 정리를 위한 작전 시간을 가질 수 있다.

반대측 입론 (입론을 구성하는 근거는 왼쪽 칸에 1~2문장으로 쓰고, 이 근거의 핵심 내용은 오른쪽 칸에 구체적으로 작성하세요. 그리고 입론 발표할 때, 작성된 내용을 그냥 읽는 방식이 아니라 상대 토론자가 내용을 정확히 이해할 수 있도록 예의 바르고 상세하게 근거와 내용을 발표하도록 하세요.)	반대측 입론
	1. (반대측 1번)
	2. (반대측 2번)
	3. (반대측 3번)

구체적 내용

찬성측 질문과 반박 (반대측 입론을 들으면서 미리 작성해야 합니다. 필요한 경우 작성을 위한 작전 시간 요청이 가능합니다. 질문과 반론의 내용은 입론에 활용될 수 있으니, 질문을 통해 무엇을 얻고, 이렇게 얻은 것을 효과적으로 반론으로 연결할 방안을 생각하세요.)	찬성측 질문과 반박
	1. (반대측 1번에 대해 찬성측 4번)
	2. (반대측 2번에 대해 찬성측 5번)
	3. (반대측 3번에 대해 찬성측 6번)

구체적 내용

자유토론8)	(찬성측 · 반대측 한 번씩 번갈아 진행)
주장 재확인 혹은 수정	(주장이 유지 혹은 수정된 이유 작성)

8) **'자유토론'**은 앞서 진행된 토론과 달리 별도의 형식을 갖추지 않는 토론입니다. 그렇다고 아무렇게나 진행되어서는 안 됩니다. 앞의 형식적 토론이 반대측의 입론에 관한 찬성측의 <질문과 반박>으로 끝났기 때문에, 자유토론은 **반대측에서 시작**합니다. 구성원 간 특정한 발표 순서는 없으며, 누구라도 발언을 할 수 있습니다. 그리고 반대측 발언 후, 찬성측 발언이 같은 방식으로 이어집니다. 기본 원칙은 각 측 구성원 한 명씩 돌아가며 발표하며, 제한된 시간 내에 마치면 됩니다. 자유토론의 내용도 차후 글쓰기에 활용되기 때문에, 각자 중요한 내용은 <자유토론> 작성란에 기록해두고 글쓰기에 활용하기 바랍니다.

글쓰기

* 제시문 (B)부터 (E)까지의 내용과 토론 내용을 자료로, '기후 변화와 AI의 시대에 도모해야 할 새로운 에너지는?'이란 주제에 관한 자신의 입장을 설득력 높은 글로 완성하세요. 다음 서식을 활용하여 글을 쓰세요.

주차 과제 학과 : 학번 : 성명 :

I. 도입(– 글에서 다루는 논제(주제)와 그 논제가 다루어져야 하는 중요성을 제시하세요)

II. 본론

1. 입장 선택 기준 제시(- 논제와 관련하여 설득력을 높일 수 있는 기준 및 이를 위해 필요한 정보를 제시하세요.)

2. 선택한 입장(주장)과 그 입장이 옳은 이유(근거) 제시(- 본인이 선택한 입장을 명확히 쓰고, 선택한 입장이 옳은 이유(근거)를 제시문과 토론 내용을 활용하여 체계적으로, 예를 들어 '핵심근거 - 세부근거 – 사례' 순으로 쓰세요.)

3. 가능한 반론 제시(- 내가 선택한 입장에 대하여 제기될 수 있는 반론을 제시문과 토론 내용을 활용하여 체계적으로, 예를 들어 '반론의 핵심 근거 – 세부 근거 - '사례' 순으로 쓰세요.)

4. 제기된 반론에 대한 재반론(- 토론 내용을 활용하여, 제기된 반론의 핵심 근거를 반박하여 재반론하고, 이를 통해 자신이 선택한 입장의 정당성을 부각할 수 있도록 쓰세요.)

III. 마무리(- 본론의 핵심을 정리 · 요약하고, 자신의 입장에서 관련 사안이 향후 어떻게 전개될 것인지 전망하는 내용이나 함축점을 추가하세요).

참고문헌

마크 라이너스, 『최종 경고 : 6도의 멸종』, 김아림 옮김, 세종, 2022.

제프 구델, 『폭염 살인』, 왕수민 옮김, 웅진지식하우스, 2024.

조지 마셜, 『기후변화의 심리학』, 이은경 옮김, 갈마바람, 2018.

홍종호, 『기후위기 부의 대전환』, 다산북스, 2023.

박일근, 「버핏도 투자한 소형 원전 SMR… '탄소 중립 대안' vs '실체 없는 사기'」, 『한국일보』, 2021. 6. 21.

안광호, 「'원전 부활' 예고… 신재생에너지, 찬밥 신세 되나?」, 『경향신문』, 2022. 5. 1.

이정아, 「홍종호 교수 "기후 위기는 결국 경제 문제… 이대로면 대기업 모두 한국 떠난다" [인터뷰] [2024 H.eco포럼]」, 『해럴드경제』, 2024. 4. 25.

장윤서, 「[신간] 폭염 살인: 더위는 우리 삶을 어떻게 파괴하는가」, 『조선비즈』, 2024. 6. 21.

안혜민, 「원전 안 쓴다던 그 나라들… 슬금슬금 돌아오는 이유」, 『SBS NEWS』, 2025. 6. 13, <https://news.sbs.co.kr/news/endPage.do?news_id=N1008136750>, 2025. 8. 19.

Chapter 5

한류의 지속 가능성

Ⅰ. 글 안내 : 한류의 지속 가능성을 고민해야 하는 이유

K-POP, K-DRAMA, K-MOVIE 등 '한류' 현상에 전 세계가 주목하고 있습니다. 잘 알려진 것처럼, '한류(韓流, Korean Wave)'는 우리 대중문화가 세계적으로 퍼져나가는 현상으로 이해되고 있지요. 우리 문화를 주목한 세계의 시선은 우리 산업에도 쏠렸습니다. 소위 경제적 부수 효과가 나타난 것이지요. 이에 정부에서도 한류 증진을 위한 제도적·법적 지원책을 마련하고 있고, 기업의 투자도 활발히 이루어지고 있습니다. 이제 한류는 그 자체로 하나의 산업으로 자리매김하였습니다. BTS를 기획한 하이브(HYBE)는 대기업의 반열에 들어서기도 하였습니다. 우리의 경제와 사회에 대한 한류의 영향력은 점차 커지고 있으며, 이에 한류를 어떻게 지속해야 하는지에 관한 논의도 심도 있게 이루어지고 있습니다.

한류가 지속되기 위해서는 필요한 동력이 계속해서 공급되어야 합니다. 이를 위해 가장 먼저 한류가 무엇인지에 대한 이해가 필요합니다. 정체를 알아야 어떤 지원이나 투자도 효과적으로 이루어질 수 있기 때문이죠. 한류라는 말을 귀에 따갑도록 들은지라 우리는 대개 한류를 알고 있다고 생각합니다. 하지만 익숙함과 앎이 항상 일치하는 것은 아닙니다. 앞서 말한 것처럼, 한류를 전 세계적으로 우리의 대중문화가 퍼져가는 현상으로 규정할 수는 있지만, 사실 이 말을 정확히 이해하려면 '대중문화'라는 말부터 먼저 이해해야 합니다. 대중문화에 관한 논의는 매우 다양하지만 여기서는 우선 한류와 관련하여 두 가지 관점을 중심으로 알아보도록 하겠습니다. 한 편에서는 대중문화를 '상품'으로, 다른 쪽에서는 '생산자의 고유한 특성'으로 이해합니다.

먼저 상품으로서의 대중문화란 말 그대로 대중, 즉 다수의 사람이 상품인 문화를 소비하는 현상입니다. 딱딱하고 손에 잡히는 물건을 구매하고 소비하는 것과 같지요. 여기서 중요한 것은 대중이 불특정 다수(masses)의 소비자로 이해된다는 점입니다. 그리고 이들이 문화를 소비한다는 점에서 대중문화는 '불특정 다수의 문화(the culture of masses)'로 이해됩니다. 두 번째로 생산자의 고유한 특성으로서의 대중문화는 단순한 상품 소비 현상이 아닙니다. 이 관점에서 바라본 대중(populus)은 문화의 생산자이자 주체입니다. 이렇게 형성되는 한류라는 '대중문화(popular culture)'는 한국인의 문화적 활동 결과로서 그들의 정서적·시대적·사회적 특성이 녹아들어 있는 특별한 존재입니다.

생산과 소비의 관계에 빗대자면, 전자는 소비자 중심이며, 후자는 생산자 중심입니다. 전적으로 전자의 관점에서 보자면, 한류 기업들은 전 세계의 불특정 다수가 호/불호 없이 소비할 수 있는 보편적인(global) 상품을 만들어 제공해야 합니다. 후자의 관점에서 중요한 것은 상품의 고유성(local)입니다. 이 구분에 따라 한류를 지속하는 데 필요한 동력을 마련하는 방향성이 달라질 수 있습니다. 예컨대 전자를 중시하면 보편성 확보에, 후자를 중시하면 고유성 확보에 중점을 둘 것이기 때문이지요.

이렇게 한류의 지속 가능성과 한류에 대한 이해의 방향성은 밀접하게 연관되어 있습니다. 그렇다면 이제 한류를 어떻게 이해할 것인가에 대해 논의해 보도록 합시다.

Ⅱ. 다음 글을 읽고 생각해 봅시다

(A)

예능 프로그램 <서진이네>에서는 출연진이 외국에 가서 일정 기간 음식점을 운영한다. 그런데 가끔 외국인 손님이 출연진에게 한국어로 말을 걸기도 한다. 이들이 한국어를 알게 된 것은 '한류' 때문이다. K-POP, K-DRAMA는 이들이 한국어를 배우도록 유인하는 (a)'부드러운 힘(Soft-Power)'이었다. K-MOVIE <기생충>도 특별한 방식으로 한류의 영향력을 보여주었다. 이 영화의 한 장면에 등장한 한국 라면 브랜드의 글로벌 매출이 급증했던 것이다. 소위 한류의 경제 효과다. 이러한 효과를 유지하고 확장하고자 한다면 한류의 '부드러운 힘'을 지속시킬 방안을 생각해 보아야 한다.

한류는 갑자기 생겨난 현상이 아니라 한국 문화가 성장해 온 결과이다. 그 성장의 이유야 다양하겠지만, 콘텐츠의 측면에서 볼 때 그 본질은 우리 문화의 고유성이라 볼 수 있을 것이다. 한국 문화 없는 한류는 가능하지 않았을 테니까 말이다. '어떤 것이 고유하다' 할 때, 그것은 그것의 독특함, 즉 (b)'다름'을 가지고 있다는 의미이다. 이 다름은 보통 낯선 감정을 일으키지만, 그 감정이 호기심으로 전환되고, 다시 그 다름을 인정하는 단계로 접어들면, 문화는 자연스럽게 수용의 길로 나아가게 된다. 이것이 한류 성장의 기본 과정이었다.

그렇지만 한류의 본격화 과정에서 경제적 관점은 한류에 대한 주도적 시각이 되었다. 그 이유는 부수적인 한류의 경제 효과만이 아니라 기업화된 대형 기획사가 한류의 핵심 동력이 된 데 따른 것이었다. 어떤 점에서 한류의 성장은 곧 이들 엔터테인먼트 기업의 성장으로 이해된다. 기업의 목적은 상품을 생산하고 판매하여 이윤을 얻는 데 있다. 엔터테인먼트 기업도 마찬가지다. 그들은 한류를 상품으로 생산하고 판매하는 데서 이윤을 얻는다. 잘 알려진 것처럼, 더 많은 소비자가 원할수록 상품의 가치는 높아진다. 물론 상품 자체의 질(質)도 중요하지만 아무리 질이 좋아도 소비자에게 받아들여지지 않으면 소용이 없다. 따라서 누구나 즐기고 받아들일 수 있는 (c)'보편성'은 상품의 기획과 생산에서 매우 중요한 요소이다. 한류 역시 마찬가지다. 국내외의 더 많은 팬을 소비자로 만들기 위해 한류는 더 보편적 상품으로 기획되고 생산될 필요가 있다. 한류의 중심을 이루는 K-POP 그룹의 국제화 경향도 같은 맥락이다. 하지만 이처럼 한류의 세계화를 위하여 보편화를 추구하는 사람들이 답해야 하는 심각한 문제가 하나 있다. 그것은 (d)이러한 보편화 속에서 '한류'라는 이름이 유지될 수 있는가 하는 것이다.

물론 이러한 보편화 전략은 분명히 한류의 세계화와 관련 기업의 성공에 기여했다. 그렇지만 이 길을 가면서 동시에 한류를 이루어 온 근본 토대인 한국 문화의 독특성을 보존할 수 있을까?

한국의 대중문화가 보편화된 상품으로 전환될 때, 그 문화 상품에서 다른 문화와는 다른 '한류' 만의 다름은 점차 옅어지다 못해 사라져버릴 수도 있다. 이처럼 한국 없는 한류는 형용모순이다. 한류 기업이 제공해 온 동력을 폄훼하고자 하는 것은 아니다. 한국적 특수성 없는 한류란 존재할 수 없다는 뜻이다.

한류의 존재가 한류 활용의 전제조건이라면, 한류에 대한 접근과 이해에서 우선해야 할 것은 경제적 관점이 아니라 문화적 관점이다. 이를 위해 우리는 먼저 한류의 문화적 의미와 정체를 밝히고, 이를 통해 한국 대중문화만의 다름을 유지할 수 있는 토대를 마련해야 할 것이다. 그리고 이에 기초하여 한류의 근원인 우리 대중문화 활동을 실질적으로 지원하고 투자할 방안을 점진적으로 모색해야 하고, 이 과정에서 대중은 문화의 소비자에 머물지 않고 문화를 지속하고 창조하는 주체로 회복될 수 있다. 이것이 바로 한류의 고유성이 유지될 수 있는 실질적 동력이다. 그리고 바로 이러한 점에서 문화적 관점은 경제적 관점이 지속할 수 있는 토대이기도 하다.

내용 이해하기

* 글을 읽고 다음의 질문에 답해봅시다.

1. (a)의 '부드러운 힘(Soft-Power)'의 뜻을 글 내에서 알아봅시다.

2. (b)와 (c)의 뜻을 대비해 보고, 이 둘이 양립할 수 있는지 각자의 의견을 이유와 더불어 써 봅시다.

3. 위의 2번 답변과 연관하여 밑줄 친 (d)의 물음이 제시되는 이유를 설명해 봅시다.

4. 이제 이해된 내용을 토대로 아래 서식을 이용하여 이 글을 요약해 보도록 합시다.

논의 주제	한류 지속을 위해 우선되어야 할 관점은 무엇인가?
세부 내용 (근거와 세부근거)	1. 한류는 한국의 ( )가 세계적으로 수용되어 가는 현상이다.
	2. 한류가 우리 경제에 미치는 영향이 크다는 점에서 한류는 지속되어야 한다.
	3. 이를 위해 한류에 대한 경제적 관점보다 문화적 관점이 우선되어야 한다.
	3.1. 한류에 대한 ( )은 한류에 지속적인 동력을 공급할 수 없다. 3.1.1. 한류에 대한 ( )에서 보면, 한류는 문화 상품이다. 3.1.2. 더 큰 수익을 위해 한류는 세계 불특정 다수의 소비자를 만족시켜야 하며, 이를 위해 ( ) 상품이 되어야 한다. 3.1.3. 한류의 보편화는 한류의 지속적인 동력을 상실시킬 수 있다. 3.1.3.1. 한류의 보편화 과정에서 한류의 근간인 한국 대중문화의 ( )은 사라지거나 허울로 남게 될 것이다.
	3.2. 한류에 대한 ( )은 한류에 지속적인 동력을 공급할 수 있다. 3.2.1. 고유한 한국 대중문화가 없다면, 한류는 존재할 수 없다. 3.2.1.1. 한류에 대한 ( )에서 보면, 한류의 본질은 고유한 한국 대중문화이다. 3.2.1.2. ( ), 한국 대중문화는 더욱 쉽게 세계로 전파될 수 있다. 3.2.2. 문화적 관점을 통해 한국 대중문화의 고유성을 확립하고, 이를 위한 지원과 투자를 통해 대중은 문화의 ( )로서 회복되어 한국의 대중문화는 그 고유성과 생산을 유지할 수 있다.
	4. 한류에 대한 문화적 관점은 ( )이 유지될 수 있는 토대이기도 하다.

주장	한류의 지속을 위해서는 한류에 대한 (　　　　)이 (　　　　)에 우선해야 한다.
글 요약	(논의 주제와 세부 내용을 연결하여 하나의 글로 작성)

해석하기

1. 그룹 XG는 일본 기획사가 미국 프로듀서와 함께 만든 아이돌 그룹으로, 멤버 구성원 모두가 일본인입니다. 그렇지만 음원 스트리밍 플랫폼 스포티파이는 이 그룹을 K-pop 그룹으로 분류한 바 있으며, 이 그룹 역시 이러한 정체성을 부정하지 않기도 하였습니다. 이것은 K-pop, 더 나아가 한류가 무엇인가와 밀접히 연관되어 있습니다. 이것을 위의 문화적 관점과 경제적 관점에서 어떻게 해석할 수 있는지 생각을 정리하고 동료들과 논의해 봅시다.

토론하기

(A)에서 우리는 한류의 지속을 위해 한류에 대한 문화적 관점이 경제적 관점에 선행해야 한다는 점을 이해할 수 있었습니다. 이번에는 다음의 글 (B)를 읽어봅시다. (B)의 주장과 근거는 (A)의 그것과 어떤 차이가 있을까요?

(B)

한류의 경제 효과는 더 이상 부가가치가 아니다. 오히려 한류 자체가 하나의 산업이다. 엔터테인먼트 기업을 중심으로 한 한류 콘텐츠는 전 세계적으로 주목받는 핵심 상품이 되었으며, 경제 규모도 여타 산업 영역에 못지않다. 한류의 핵심 콘텐츠가 대중문화라는 점에서 한류의 글로벌화를 문화교류에 따른 결과로 이해할 수도 있을 것이나, 아무래도 글로벌화의 핵심 동력은 엔터테인먼트 기업을 중심으로 한 세계화 전략에 따른 것으로 이해하는 것이 합당하다.

물론 한류가 개인 간의 문화적 교류에서 시작되었다는 것을 부정할 수는 없다. 디지털 전환에 따른 매체 환경의 변화 속에서 우리의 드라마나 음악 등이 인터넷을 통해 소개되었고, 이를 계기로 <대장금>과 같은 우리의 대중문화 콘텐츠가 수출되는 등 한류라는 흐름이 시작되었다. 그렇지만 이것은 한류 초기의 상황이 그랬던 것일 뿐이다. 이 상황은 현재의 세계화된 한류를 이해하거나 설명하는 데 적합하지 않다. 예를 들어 일본이나 중국 등 문화적으로 유사한 아시아권 국가들에서 나타난 초기 한류 현상은 자기 나라와 유사한 문화를 쉽게 수용하고 교류하는 성향으로 해석될 수 있지만, 이러한 방식으로는 현재와 같이 서로 현격히 다른 문화적 배경을 가진 전 세계 나라들에서 전개되고 있는 한류를 설명하기 어려울 것이다. 현재의 한류는 오히려 세계 시장을 겨냥한 기업의 주도면밀한 기획으로 만들어지고 성장한 산업 활동으로 설명해야 적절하다.

한류의 대표주자인 K-POP도 애초에 세계시장을 염두에 두고 기획, 제작, 유통과 판매가 이루어졌다. 국내 가수의 진출이나 음반의 해외 판매는 현지 시장을 겨냥한 마케팅을 통해 이루어져야 했으며, 이를 위해 현지 제작사와 유통사와의 협력이 필요했다. K-POP 가수 및 그룹 역시 세계시장을 겨냥한 엔터테인먼트 기업의 기획으로 만들어진다. 이들의 육성도 작곡, 안무, 프로듀싱 등 각 분야에 걸쳐 세계시장에서 검증된 인재와 시스템을 통해 이루어진다. 심지어 아티스트 본인 역시 꼭 한국인일 필요가 없다. K-POP은 글로벌 엔터테인먼트 기업이 기획, 제작, 판매하는 글로벌 문화 상품으로 여타의 글로벌 상품과 다를 바 없다.

물론 한류의 시작이 우리의 대중문화라는 점에서 한류가 우리나라와 전혀 무관하다고 주장할 수는 없을 것이다. 그러나 한국만의 특수성 등이 더 이상 세계화된 한류를 규정하는 핵심 조건일 수는 없다. 한류가 글로벌 상품이 되기 위해서는 소비자의 취향을 적극적으로 고려하여 상품 제작에 반영해야 한다. 이 점은 최근 발표된 K-DRAMA <오징어게임 2>에서도 잘 드러난다. 이 드라마 출연자의 대사 중 베트남 참전과 관련한 내용이 포함되어 베트남에서 보이콧 논란이 벌어지기도 하였다. 한국적 특수성만을 고려한다면 이 점은 전혀 문제가 아닐 것이지만, 이것이 세계시장을 겨냥하여 제작된 상품인 한 그와 같은 한국적 정서는 방해만 될 뿐이다. 이 점은 K-MOVIE 계에서도 잘 보여주었다. 예를 들어 봉준호 감독의 <기생충>이 칸 영화제에서 황금종려상을 받을 수 있었던 것은 우리만의 정서 때문이 아니라 그 영화가 담고 있는 주제와 문제의식이 전 세계인이 공감할 수 있는 것이었기 때문이다. 우리만의 독특한 정서가 아니라 세계적인 보편적 정서가 더 중요한 것이다.

이런 점은 최근 K-POP의 경향에서 두드러진다. 블랙핑크의 로제와 팝스타 브루노 마스(Bruno Mars)의 협업곡인 <아파트>의 흥행 사례가 그러하다. 이 노래 흥행의 키는 '아파트 아파트'라는 단어의 규칙적 반복에 있다. 이러한 후크송의 유행은 음원 상품을 소비하는 소비자의 귀를 사로잡는 것이 가사가 담고 있는 정서나 서사가 아니라는 점을 잘 보여준다. 더욱이 가사의 우리말 의존성도 점차 낮아지고 있다. 또한 가사와 별개로 가수와 그룹이 보여주는 시각적 퍼포먼스의 중요성이 높아지고 있다는 사실도 기억해야 한다.

이러한 점들은 한류가 지속하기 위해서 우리가 어떤 전략을 세워야 하는지를 잘 보여준다. 우리는 철저히 산업과 기업의 관점에서 한류를 이해해야 한다. 한류는 더 이상 우리만의 전유물이 아니다. 한류 시장은 글로벌 엔터테인먼트 기업의 각축장이 되었다. 따라서 한류의 지속은 이 세계시장에서 우리나라의 엔터테인먼트 기업이 어떻게 계속 우위를 차지할 수 있는가에 초점을 맞추어야 한다. 정부의 정책적 지원도 모두 이 점을 주목해야 할 것이다.

---

* (B) 글을 비판적으로 검토하고 자신의 의견을 정리해 주시기 바랍니다. 각자 정리된 생각을 바탕으로 교수자 및 동료들과 의견을 나누어봅시다. 바로 토론에 들어가기 어렵다면 다음의 템플릿을 활용하시기 바랍니다.

1) 각자 다음 서식을 사용하여 내용을 정리한 후, 동료들과 토의해봅시다.

'전제' 정리	이유 제시
① (A) 글이 당연하게 여기고 있는 '전제'는 무엇일까요.	그 내용을 전제로 본 이유를 설명하세요.
➜	➜
② (B) 글이 전제하고 있는 것을 써 보세요.	그 내용을 전제로 본 이유를 설명하세요.
➜	➜

③ 두 전제 간의 차이점을 써보세요.	두 전제 중 선호하는 전제를 선택하고 그 이유를 설명하세요.
➜	➜

2) 각자 작성한 ①~③의 내용 토의 과정에서 다음의 서식을 각자 작성해보도록 합시다. 단, 토의 전에 작성 서식 항목을 확인하시기 바랍니다.

<table>
<tr><th colspan="2">자신의 분석과 설명보다 장점이 있는 분석과 설명 판단</th></tr>
<tr><td>장점을 발견하지 못한 경우</td><td>장점을 발견한 경우</td></tr>
<tr><td>판단 이유 제시</td><td>↓</td></tr>
<tr><td></td><td>동료 의견 수용을 통한 자신의 의견 수정·보완</td></tr>
<tr><td>➜</td><td>➜</td></tr>
<tr><td>↓</td><td></td></tr>
<tr><td>자기 입장 유지</td><td></td></tr>
</table>

3) 마지막으로 팀별 토의를 통해 다음 서식을 작성하도록 합시다. 단, 팀은 같은 입장을 가진 사람끼리 구성하고, 토론은 다른 입장의 팀과 진행합니다.

토론 주제
한류는 문화 현상인가 경제 현상인가?
주장(논지) (한 문장으로 주제에 관한 조의 입장을 쓰세요.)

NOTE

<table>
<tr><td rowspan="4">찬성측 입론
(입론을 구성하는 근거는 왼쪽 칸에 1~2문장으로 쓰고, 이 근거의 핵심 내용은 오른쪽 칸에 구체적으로 작성하세요. 그리고 입론 발표할 때, 작성된 내용을 그냥 읽는 방식이 아니라 상대 토론자가 내용을 정확히 이해할 수 있도록 예의 바르고 상세하게 근거와 내용을 발표하세요.)</td><td>찬성측 입론[1)]</td></tr>
<tr><td>1. (찬성측 1번)</td></tr>
<tr><td>2. (찬성측 2번)</td></tr>
<tr><td>3. (찬성측 3번)</td></tr>
</table>

1) **'입론'**은 논제에 관한 찬성 혹은 반대 입장이 옳다는 것을 증명(정당화)하는 과정이면서 동시에 그 내용이기도 합니다. 따라서 입론은 찬성과 반대 각 입장의 옳음을 입증할 수 있는 근거로서의 세부 주장과 이 세부 주장의 근거(이유)로 구성됩니다. 찬성측과 반대측 모두 각자의 입론을

입론의 구체적 내용

토대로 토론에 참여하기 때문에, 입론은 찬성측과 반대측이 전투를 위해 서로 세운 전초기지와 같습니다. 이 기지가 튼튼하게 만들어져야 토론도 잘 할 수 있으며, 이에 입론을 구성하는 내용을 명확하면서도 설득력이 크도록 작성해야 합니다.

반대측 질문과 반론 (찬성측 입론을 들으면서 미리 작성해야 합니다. 필요한 경우 작성을 위한 작전 시간 요청이 가능합니다. 질문과 반론의 내용은 입론에 활용될 수 있으니, 질문을 통해 무엇을 얻고, 이렇게 얻은 것을 효과적으로 반론으로 연결할 방안을 생각하세요.)	반대측 질문과 반론[2]
	1. (찬성측 1번에 대해 반대측 4번)
	2. (찬성측 2번에 대해 반대측 5번)
	3. (찬성측 3번에 대해 반대측 6번)

2) **'질문과 반론'**은 상대측의 입론을 약화하여, 자신의 입론을 강화하기 위한 전략적 과정이다. 따라서 질문과 반론은 단지 궁금함을 해소하기 위한 과정이 아니라, 주로 상대측의 입론 중 약점이나 그 약점과 관련하여 명확히 내용을 확정하기 위한 과정이다. 예를 들어, 상대측의 입론 발표 중 어떤 내용을 언급하면서, 그렇게 발표한 것이 맞는지, 그리고 그 발표 내용을 이렇게 이

질문의 요지와 반론 이유 설명

해할 수 있는 것인지를 물어 내용을 확정하고, 그렇게 확정된 내용이 갖는 문제점을 반론으로 제시하여, 청중이 상대측의 입론 내용만 듣고 판단하는 것을 유보토록 하는 것이다. 그리고 이 문제점은 추후 자신측의 입론 과정에서 활용할 수 있다. 이를 위해 '질문과 반론'을 시작하기 전, 내용 정리를 위한 작전 시간을 가질 수 있다.

<table>
<tr><td rowspan="4">반대측 입론
(입론을 구성하는 근거는 왼쪽 칸에 1~2문장으로 쓰고, 이 근거의 핵심 내용은 오른쪽 칸에 구체적으로 작성하세요. 그리고 입론 발표할 때, 작성된 내용을 그냥 읽는 방식이 아니라 상대 토론자가 내용을 정확히 이해할 수 있도록 예의 바르고 상세하게 근거와 내용을 발표하도록 하세요.)</td><td>반대측 입론</td></tr>
<tr><td>1. (반대측 1번)</td></tr>
<tr><td>2. (반대측 2번)</td></tr>
<tr><td>3. (반대측 3번)</td></tr>
</table>

구체적 내용

	찬성측 질문과 반박
찬성측 질문과 반박 (반대측 입론을 들으면서 미리 작성해야 합니다. 필요한 경우 작성을 위한 작전 시간 요청이 가능합니다. 질문과 반론의 내용은 입론에 활용될 수 있으니, 질문을 통해 무엇을 얻고, 이렇게 얻은 것을 효과적으로 반론으로 연결할 방안을 생각하세요.)	1. (반대측 1번에 대해 찬성측 4번)
	2. (반대측 2번에 대해 찬성측 5번)
	3. (반대측 3번에 대해 찬성측 6번)

구체적 내용

자유토론[3]	(찬성측 · 반대측 한 번씩 번갈아 진행)
주장 재확인 혹은 수정	(주장이 유지 혹은 수정된 이유 작성)

3) **'자유토론'**은 앞서 진행된 토론과 달리 별도의 형식을 갖추지 않는 토론입니다. 그렇다고 아무렇게나 진행되어서는 안 됩니다. 앞의 형식적 토론이 반대측의 입론에 관한 찬성측의 <질문과 반박>으로 끝났기 때문에, 자유토론은 **반대측에서 시작**합니다. 구성원 간 특정한 발표 순서는 없으며, 누구라도 발언을 할 수 있습니다. 그리고 반대측 발언 후, 찬성측 발언이 같은 방식으로 이어집니다. 기본 원칙은 각 측 구성원 한 명씩 돌아가며 발표하며, 제한된 시간 내에 마치면 됩니다. 자유토론의 내용도 차후 글쓰기에 활용되기 때문에, 각자 중요한 내용은 <자유토론> 작성란에 기록해두고 글쓰기에 활용하기 바랍니다.

글쓰기

* (A)와 (B)의 요약 내용과 토론 내용을 자료로, '한류는 문화 현상인가 경제 현상인가?'에 관한 각자의 입장을 설득력 높게 제시하는 글을 완성하세요. 글을 완성하기 위해 다음 서식을 활용하여 글을 쓰세요.

주차 과제 학과 : 학번 : 성명 :

I. 도입(- 글에서 다루는 논제(주제)와 그 논제가 다루어져야 하는 중요성을 제시하세요)

II. 본론

1. 입장 선택 기준 제시(- 논제와 관련하여 설득력을 높일 수 있는 기준 및 이를 위해 필요한 정보를 제시하세요.)

2. 선택한 입장(주장)과 그 입장이 옳은 이유(근거) 제시(- 본인이 선택한 입장을 명확히 쓰고, 선택한 입장이 옳은 이유(근거)를 제시문과 토론 내용을 활용하여 체계적으로, 예를 들어 '핵심근거 - 세부근거 - 사례' 순으로 쓰세요.)

3. 가능한 반론 제시(- 내가 선택한 입장에 대하여 제기될 수 있는 반론을 제시문과 토론 내용을 활용하여 체계적으로, 예를 들어 '반론의 핵심 근거 – 세부 근거 - '사례' 순으로 쓰세요.)

4. 제기된 반론에 대한 재반론(- 토론 내용을 활용하여, 제기된 반론의 핵심 근거를 반박하여 재반론하고, 이를 통해 자신이 선택한 입장의 정당성을 부각할 수 있도록 쓰세요.)

III. 마무리(- 본론의 핵심을 정리 · 요약하고, 자신의 입장에서 관련 사안이 향후 어떻게 전개될 것인지 전망하는 내용이나 함축점을 추가하세요).

참고문헌

김종규, 「변화라는 갈림길에 선 한류: 고유성, 확산, 그리고 시적혁신」, 『Thaumazein』 Vol.5., 재단법인 타우마제인, 2024.

Chapter 6

유전공학과 생명윤리

Ⅰ. 글 안내 : 인간은 어디까지 손을 댈 수 있을까요?

일설에 의하면 아일랜드의 극작가 조지 버나드 쇼(George Bernard Shaw, 1856~1950)는 "젊음은 너무 좋은 물건이라 젊은 이들에게 주기에는 아깝다."라고 말했다고 합니다. 젊은이야 말로 젊음을 소유한 진정한 주인인데, 주인이 모르는 소유물의 중요성을 옆 사람이 더 잘 알 수 있다니. 사실 여부는 확인되지 않았지만, 지금까지도 세간에서 이 말이 회자되는 까닭은 이 기이한 역설 속에 모종의 진실이 담겨 있기 때문일 겁니다.

실제로 세상에는 이처럼 역설적인 경우들이 종종 있습니다. 총에 대해서 가장 잘 아는 사람은 총을 만든 군수공장 사람들일 테지만, 총을 언제 누구에게 쏘아야 하느냐는 문제까지 그들이 결정하지는 않습니다. 총을 가장 잘 쏘는 건 군인들이겠지만, 민주국가의 시민들은 그들에게 발포 권한을 맡겨두지 않습니다. 우리 군대가 언제 어디서 작전을 벌이고 총포를 어떻게 쏠 것인가는 민주적으로 선출된 사람이 통제하며, 그 선출된 사람은 선출자인 우리가 통제합니다. 우리 각각은 총을 만들거나 쏘는 일의 전문가가 아니지만 함께 지혜를 모아 전문가들의 일에 참여하는 것이 좋다고 생각합니다. 쇼의 말을 패러디하자면, 총은 너무 위험한 물건이라 전문가들에게 위임하고 눈 감고 있을 수 없기 때문입니다.

이 글을 읽고 있는 여러분의 대다수는 유전공학 분야의 문외한일 겁니다. 아마도 여태껏 유전자를 편집하는 실험실에 들어가 본 적이 없을 것이고 앞으로도 들어갈 일이 없을 것입니다. 그래도 우리가 이런 일에 관심을 가지고 글을 읽고 토론해야 하는 이유는 이 분야의 발전이 인류의 미래에 미칠 여파가 총보다 훨씬 크기 때문입니다. 그러니까, 우리 사회의 성숙한 시민이라면 누구나 알아야 할 상식이라고 생각합니다.

유전자 편집을 통한 종의 변화, 심지어 새로운 종의 창조는 이제 SF 영화 속 이야기가 아닙니다. 조금만 관심을 가지고 알아보면 이미 우리가 발광 토끼나 뿔 없는 소 정도는 어렵지 않게 만들어낼 수 있다는 것을 깨닫게 됩니다. 남아 있는 유전적 흔적들을 이용해서 네안데르탈인이나 매머드를 되살리는 것도 불가능하지 않습니다. 인간의 유전자를 수정하고 편집해서 전에 없던 새로운 인간을 만들어내는 것조차도 불가능하지 않습니다.

그러므로, 기술적으로 이런 것이 가능하냐 불가능하냐 같은 것은 이제 논란거리가 아닙니다. 우리가 곰곰이 생각해 보고 서로 이야기해 보아야 할 문제는 '해도 되느냐?'입니다. 어떤 것이 가능하다고 해서 꼭 해도 되는 게 아니라는 걸 우리는 알고 있습니다. 총으로 사람을 죽이는 게 가능하다고 해서 쏴도 되는 게 아닌 것처럼요. 이제, 아래 지문을 읽어봅시다.

Ⅱ. 다음 글을 읽고 생각해 봅시다

(A)

다음은 김진수 박사가 쓴 기고문이다. 아래쪽 글을 읽기 전에 우선 이 글을 보고 크리스퍼 기술을 대강 이해해 보자.

크리스퍼 혁신

(B)

제니퍼 다우드나(Jennifer Anne Doudna)와 에마뉘엘 샤팡티에(Emmanuelle Marie Charpentier)는 2012년에 제3세대 유전자 가위라고 불리는 크리스퍼-카스9(CRISPR-CAS9)의 발전에 기여하는 획기적인 논문을 발표하였고, 이 공로를 인정받아 2020년에 노벨 화학상을 받았다. 크리스퍼 이전에도 유전자를 편집하는 기술이 없었던 것은 아니지만 정확성, 난이도, 그리고 비용의 측면에서 크리스퍼는 다른 방법과 비교를 불허하는 혁신적인 기술이다. 대학교 학부생 수준에서도 계절학기 수업을 하나 수강하고 아마존 등에서 수십만 원 정도에 팔리고 있는 관련 키트를 구매하면 바로 손수 유전자를 편집할 수 있을 정도이다.

어떤 유전자가 어떤 역할을 한다는 것을 확실히 안다는 전제하에 이 글을 읽는 여러분도 새로운 종을 만들어낼 수 있다. 소나 말, 원숭이의 형질을 바꾸는 것이 얼마든지 가능하다. 그리고, 사실 이 점이 가장 중요한데, 우리가 포유류에게 써먹을 수 있는 생명공학 기술은 대개 사람에게도 써먹을 수 있다는 것이다. 어떤 유전자가 정확히 어떤 역할을 한다는 것을 분명히 안다는 전제하에 이 글을 읽는 여러분도 새로운 인종을 만들어낼 수 있다. 놀랍지 않은가? 크리스퍼 기술이 등장하자마자 많은 생명공학자가 이 가능성을 알게 되었다. 알았으되 직접 해보지 않았던 것은 신인류 창조가 불러올 거대한 윤리적 후폭풍을 예상했기 때문이다. 하지만 영화나 소설의 앞부분에서 총이 등장하면 그 총은 작중 어딘가에서 반드시 격발된다는 평론가들의 이야기처럼, 인류의 역사에 크리스퍼라는 총이 등장한 이상 누군가가 이 총을 들고 사람에게 격발하는 사건은 예견된 것이나 다름없었다.

2018년 11월 26일, 중국의 젊은 생명공학자 허 지엔쿠이(贺建奎)는 자신의 유튜브 채널을 통해 스스로 이 총을 발사했다고 밝혔다. 크리스퍼 기술로 유전자에 손을 댄 쌍둥이 여아가 이미 태어났다는 것이다. 이 쌍둥이의 부모 가운데 남자 측이 에이즈 바이러스(HIV)에 감염된 상태였기에 부부는 에이즈에 면역인 아이를 원했다. 허 지엔쿠이는 부부의 생식세포를 체외에서 수정시킨 뒤, 수정된 배아의 유전자 가운데 에이즈 바이러스 감염에 결정적인 역할을 하는 것으로 알려진 CCR5를 제거한 뒤 착상하는 방식으로 부부의 소원을 들어주었다. 소식을 접한 사람들은 즉각 큰 충격에 휩싸였다. 중국 당국은 수사에 착수했고 허 지엔쿠이는 결국 몇 가지 죄목으로 기소되어 최종적으로 징역 3년의 실형과 벌금 300만 위안(우리 돈으로 약 6억 원)을 선고받고 말았다.

허 지엔쿠이

<참고: 허 지엔쿠이가 직접 발표한 영상>

허 지엔쿠이가 받은 것은 벌금과 실형 판결에 그치지 않았다. 그가 밝힌 바에 따르면 그는 이 일을 발표하자마자 수천 통의 이메일을 받았는데, 욕설과 살해 협박도 많았지만 달콤한 제안도 여럿 있었다고 한다. 세계 각지에서 부유층을 상대로 영업하는 몇몇 클리닉이 유전자 편집을 통한 신생아 '설계(designing)'에서 돈 냄새를 맡았던 것이다. 그는 그런 제안에 응하지 않았고 출소 후 현재 베이징의 한 연구소에서 크리스퍼 기술을 응용하여 몇몇 유전병을 치료하는 프로젝트를 맡아 연구하고 있다.

비록 응하지 않았다곤 해도 그가 발사한 총알이 결국 어느 방향으로 날아갈 것인지는 자명하다. 사실, 이런 이메일이 공개되기 전에도 당사자들은 이미 그 방향을 짐작하고 있었다. 예를 들어 제니퍼 다우드나는 크리스퍼 기술의 발견 이후 어느 날 악몽에 시달리다 깨어났는데, 그 꿈속에서 이 기술에 관심이 있다며 그녀를 찾아온 사람은 아돌프 히틀러(Adolf Hitler, 1889~1945)였다고 한다. 그러니까, 이건 모두가 알고 있는 사실이다. 크리스퍼 기술은 인류가 우생학(Eugenics)으로 가는 길을 다시 한번 열어버렸다.

우생학은 영국의 학자 프랜시스 골턴 경(Sir Francis Galton, FRS, 1822~1911)이 처음 제창한 이론이다. 그는 우월한 개체들이 적극적으로 후손을 남겨서 우월한 유전인자를 세상에 보급하도록 장려하는 동시에 열등한 개체들이 열등한 인자를 후세에 남기는 것을 인위적으로 막음으로써 인류의 진화를 '촉진'하는 것이야말로 현생인류의 고귀한 의무라고 믿었다. 처음에는 서구 각국에서 상당한 지지를 받았으나 후에 독일의 히틀러가 이 아이디어를 극단적인 방식으로 현실에 적용하면서부터 악명을 떨치게 되었다.

우생학을 현실에 적용하려 했던 사람들은 나치 당원들뿐만이 아니었다. 제2차 세계대전 전까지 미국 정부는 '열등한' 유전인자를 보유한 것으로 보이는 자국민들이 불임시술을 받도록 법으로 강제했는데, 그렇게 해서 원치 않게 불임이 된 사람들이 무려 6만 5천 명에 달한다. 몇몇 정신병원에서는 새로 입원하는 환자들에게 결핵균을 섞은 우유를 처방해 마시게 했고, 그 결과 신규 환자의 30~40%가 결핵으로 죽었다. 정신적인 문제가 있어도 결핵에 면역이라면 치료할 가치가 있는 우등한 유전인자 보유자인 셈이고 그렇지 않다면 열등하니 죽어도 좋다는 이유에서였다. 나치가 했던 것처럼 사람들을 가스실에 넣고 한꺼번에 살처분하지 않았을 뿐 특정한 사람들을 천천히 죽이려고 했다는 점에서 그 우생학적 취지는 다르지 않았다.

크리스퍼 기술을 별다른 윤리적 제약 없이 풀어 놓게 되면 우리는 결국 훨씬 정밀하고 교묘한 형태의 우생학을 맛보게 될 것이다. 허지엔쿠이의 작업은 에이즈 정복이라는 이타적인 동기로 잘 포장되어 있지만, 그가 열어버린 '판도라의 상자'에서 나온 것들의 무게는 그 한 사람이 감당할 수 있는 수준이 아니었다. 2019년 3월 13일, 노벨상 수상자인 에마뉘엘 샤팡티에를 비롯한 여러 저명한 생물학자들은 인간 생식 세포에 대한 유전자 편집 중단을 선언하는 글을 『네이쳐(Nature)』지에 공동으로 게재함으로써 허 지엔쿠이가 열어버린 문을 닫고자 하였다. 그 후 6년이 흘렀지만, 유전자 편집을 통해 설계된 아이가 추가로 태어났다는 소식은 없다. 일단, 표면적으로는 그렇다.

Buck v Bell

<참고: 미국의 강제 불임시술 판례>

크리스퍼 모라토리엄

<참고: 네이쳐지에 발표된 공동성명 원문>

(C)

인간 배아의 유전자를 편집해서 인간 종 자체를 바꾸는 짓은 잘못이라고 생각하는 사람들은 알고 있을까? 우리는 이미 오랫동안 그런 일을 해왔다는 사실을 말이다. 인지심리학자 스티븐 핑커(Steven Pinker)가 퉁명스럽게 지적하는 것처럼, 유전자 선별을 통한 인간 종 강화는 지금도 전 세계에서 일어나고 있다. 우리가 그걸 '데이트 거절'이라는 보다 자연스럽고 무해해 보이는 이름으로 부르고 있을 뿐이다. 인정하고 싶지 않다면 데이트 앱이나 결혼정보회사 앱을 받아서 확인해 보라. 그들은 여러분을 여러 가지 특성(traits)으로 분류하고 스크리닝한다. 많은 사람들이 키, 체형, 소득 등 여러 가지 특성들을 기준으로 등급을 받아 이리저리 팔려 다니고 있다.

이런 종류의 스크리닝은 심지어 크리스퍼 기술을 통한 유전자 편집보다 더 정밀하고 교묘하기까지 하다. 오늘날 여러 학자의 연구 결과에 따르면 인간의 IQ를 콕 집어서 업그레이드해줄 만한 하나의 유전자는 없다고 한다. 적게는 수천 개, 많게는 수만 개의 유전자가 지금으로서는 우리가 알 수 없는 상호작용을 통해 지능이라는 하나의 복잡한 특성을 구현하고 있기 때문이다. 따라서 크리스퍼 기술이 제아무리 정교하다 하더라도 지금 당장 유전자 편집을 통해 다른 부작용 없이 지능만 업그레이드한 아이를 만들어내는 것은 불가능하다. 하지만 결혼정보회사들은 이미 이 작업을 간단한 체크박스 몇 개만 가지고 해내고 있으니 더 정밀하고 교묘하다고 하지 않을 수 없다.

후손을 위한 특성을 고르는 것만이 목적이라면 사실 배우자도 필요하지 않다. 방송인 사유리 씨는 정자은행의 도움을 받아 혼자 낳은 아이를 기르고 있다. 그녀가 방송에서 밝힌 바에 따르면 정자은행의 정자들은 기증자의 특성에 따라 정교하게 분류되어 있다. 인종, 머리카락 색, 키, 몸무게, 학력, IQ, EQ 따위를 보고 원하는 것을 고르기만 하면 된다. 널리 선호되는 특성을 가진 정자가 더 비쌀 것 같지만 가격은 같다고 한다. 정자의 가격을 서로 다르게 책정하면 인간의 신체 일부를 '매매'하는 셈이 되어버려 현행법에 저촉되기 때문이다.

하지만 몇몇 나라에서는 실제로 생식세포에 가격을 매겨서 거래하는 것이 합법이다. 대표적으로 미국의 관련 법령은 시장의 수요에 맞춰 어떤 생식세포가 다른 생식세포보다 더 비싸게 거래되는 것이 자연스럽다고 판단한다. 그래서 수요가 많은 생식세포의 가격은 놀라운 수준까지 치솟는다. 어떤 '우월한' 난자의 경우 경매를 통해 개당 15만 달러, 우리 돈 2억 원에 낙찰된 사례가 있다.

미국의 백만장자 로버트 그레이엄(Robert Graham, 1906~1997)은 한 걸음 더 나아가 노벨상 수상자들의 정자를 모아 인간을 개량하려고 시도했다. 1980년에 문을 연 그의 회사는 여러 수상자에게 정자 기증을 요청했으나 물리학상 수상자인 윌리엄 쇼클리 주니어(William B. Shockley Jr., 1910~1989) 박사 한 명의 정자를 확보하는 데 그치면서 결과적으로 실패했다. 그레이엄의 회사는 창업자의 죽음과 함께 문을 닫았으나 그 아이디어는 여전히 살아 있다. 예컨대 이런 프로젝트도 생각해 볼 수 있다. 세계 유수의 축구 선수들의 정자와 난자를 기증받아 대리모를 통해 아이를 만든 후 적당한 기준으로 선별된 가정에서 키워내면 대한민국 국가대표팀의 축구 실력은 단 한 세대 만에 놀라운 수준으로 발전할 것이다. 앞으로 30년 안에 월드컵에서 우승할 수 있을지도 모르겠다.

누군가는 이러한 행태가 인신매매나 다름없다며 불쾌해할 것이다. 하지만 자유롭고 공정한 시장경쟁을 통해 성사된 거래로 참가자 모두가 행복해졌다고 한다면 누가 이걸 나쁘다고 할 수 있을까? 정자와 난자를 판매한 사람은 돈을 벌어서 행복하고 구매한 사람은 '우월한' 후손을 얻어서 행복하고 중개한 업체는 수수료를 받아서 행복하고 우리는 월드컵에서 우승해서 행복할 것이다. 모두가 행복하다면 무엇이 나쁘단 말인가?

내용 이해하기

* 글을 읽고 다음의 질문에 답해봅시다.

1. (B)와 (C)에서 가장 중요한 단어를 하나씩만 골라야 한다면 무엇을 고르시겠어요? 그 이유도 설명해 주세요.

2. (B)와 (C)의 핵심이라고 생각하는 문장을 하나 골라 밑줄을 그어보세요. 왜 그 문장을 골랐는지 설명해 보세요.

3. 이제 여러분이 선택한 단어와 문장으로 말을 만들면서(주먹 크기의 눈덩이를 굴려 눈사람 몸통을 만들듯이) 글을 요약해 봅시다. 우선 (B)와 (C)에는 제목이 없습니다. 위에서 요약한 내용을 바탕으로 제목을 붙여 보세요.

4. 아래의 템플릿은 (B)를 요약한 것입니다. 요약하는 작업이 낯설고 어렵게 느껴진다면 이 템플릿을 사용해 보시기 바랍니다. 익숙해지면 (A)나 (C)에 대해서도 비슷한 방법을 시도해 봅시다.

논의 주제	(　　　　　) 기술은 왜 위험한가?
세부 내용 (근거와 세부근거)	1. (　　　　　) 혁명으로 비전문가도 (　　　　　)이 가능해졌다.
	1-1. 제니퍼 다우드나와 에마뉘엘 샤팡티에는 (　　　　　)를 개발하며 유전공학 분야에 혁명을 일으켰다. 1-2. 이 기술은 기존 편집 기술보다 더 정밀하고 저렴하며, 접근성이 뛰어나 대학생 정도라도 (　　　　　) 실험을 할 수 있다.
	2. 새로운 유전자 편집 기술은 (　　　　　)에게 적용될 수 있다.
	2-1. 새로운 유전자 기술은 포유류에 적용할 수 있다. 2-2. 포유류에 적용되는 유전공학 기술은 (　　　　　)에게도 적용될 수 있으며, 어떤 유전자가 정확히 어떤 역할을 한다는 것을 안다면, 일반인도 새로운 (　　　　　)을 만들어낼 수 있다. 2-3. 실제로 중국의 젊은 생물학자 허지엔쿠이는 크리스토퍼 기술을 사용하여 (　　　　　)를 편집하였다.
	3. 인간 유전자 편집 기술은 (　　　　　) 문제를 발생시킬 수 있다.
	3-1. 유전자 편집 기술은 (　　　　　) 등의 새로운 (　　　　　) 모델이 될 수 있다. 3-2. 인간 유전자 편집 기술은 (　　　　　)을 부활시킬 수 있다.
	4. 인간 유전자 편집 기술에 대한 완벽한 (　　　　　)는 어렵다.
	4-1. 그간 생물학자들은 인간 유전자 편집의 윤리적 위험성을 제기해왔다. 4-2. 최근 여러 저명 생물학자들은 인간 유전자 편집 (　　　　　)을 선언하였다. 4-3. 이 선언 이후 인간 유전자 (　　　　　) 사례는 보고되지 않았지만, 유전자 편집이 정말로 중단되었는지는 불확실하다.

결론	인간 유전자 편집 기술은 비즈니스 모델이나 우생학의 부활 등의 윤리적 문제뿐 아니라 통제될 수 없는 기술이라는 점에서 위험하다.
글 요약	(논의 주제와 세부 내용을 연결하여 하나의 글로 작성)

해석하기

1. 위의 지문들 가운데 어떤 글은 중립적이지만 다른 글은 그렇지 않습니다. 특정한 문제의식이 있으며, 그런 문제의 해결을 위해 보다 적극적으로 특정 방향으로 나아가기를 주문하고 있습니다. 두 글은 어떤 문제를 어떻게 해결하려고 하나요? 그 해결법은 설득력이 있나요? 이제부터는 소박하게나마 자기의 입장을 세워 동료들과 논의해 봅시다. 그러면 자연스레 해석의 관점을 얻을 수 있을 겁니다.

2. [선택사항]: 영화 <가타카>는 위의 주제를 정면으로 다루고 있습니다. 이 문제에 대해 보다 깊이 생각해 보고자 한다면 해당 영화를 보고 위 지문과 연관하여 주인공들의 선택과 결단을 해석해 봅시다.

토론하기

(B)와 (C)는 여러 근거를 들어 자기의 입장을 전개하고 있습니다. 하지만 실제 현실에서 다른 사람과 이야기를 나눌 때는 즉석에서 근거를 검색해가며 대화할 수 없습니다. 그렇다면 준비된 토론이 아닌 '실전 토론'에서는 근거도 없이 자신의 의견을 밝히고 상대방을 설득해야 한다는 말이 됩니다. 물론 쉬운 일이 아니겠지만 아주 불가능하지도 않습니다. 근거 없이 타인을 설득해야 할 때는 간곡하고 진지한 감정을 내보이는 것이 하나의 방법이 될 수 있습니다. 아래 두 지문을 한번 읽어봅시다.

(D)

<경외감은 어디에>

사람을 살게 하는 것은 팔 할이 칼로리이다. 밥을 먹고 빵을 먹지 않으면 우리는 금세 시들어 버릴 것이다. 극소량의 미네랄 따위는 거의 중요해 보이지 않는다. 그걸 태운다고 에너지가 되나? 에너지도 안 되는 주제에 어딜 우리 몸에 들어오겠다고! 그렇게 무시하던 미네랄의 결핍이 문제를 일으키고 나서야 우리는 간절하게 반성하게 된다. 아, 너의 역할이 참으로 컸구나. 미안하다. 너의 중요성을 잊지 말자는 의미에서 너의 이름을 바꿔주겠노라. 오늘부터 너는 비타민(Vitamin)이다.

우리 삶에 필요한 것의 대부분은 돈이다. 그래서 우리는 대부분의 시간을 돈을 버는 데 쓴다. 무언가를 내다 팔고, 내다 팔기 위해 만들고, 만들기 위해 배우고, 배우기 위해 학비를 내고, 학비를 내기 위해 알바를 한다. 돈을 벌기 위해 쓰는 시간은 좋은 시간이고 돈을 벌지 못하는 시간은 나쁜 시간이다. 그래서 주말에 가만히 드러누워 폰이나 뒤적거리며 '나쁜 시간'을 보내고 있노라면 어느덧 자괴감에 휩싸이는 것이다. 아, 너무 슬프다. 오늘도 젖은 양말처럼 드러누워 시간을 허비했구나. 그 시간에 쿠팡이나 배민이라도 뛰었으면 돈이 얼마냐. 공부를 했으면 학점이라도 올라갈 텐데. 아니면 그 시간에 여행이라도 갔으면…. 잠깐만요, 여행을 간다고?

조금만 생각해 보아도 알 수 있다. 여행은 누워서 폰질하는 것보다 더 쓸모없는 짓이다. 여행은 돈을 버는 데는 하등의 도움도 되지 않는 반면 돈을 버리는 데는 놀라운 효율을 보여준다. 걸어도 지출이고 누워도 지출이고 먹어도 지출이고 배설해도 지출이다. 놀랍지 않은가? 의심의 여지 없이 여행은 재무적 자살행위이다.

그럼에도 불구하고 우리는 방구석에서 폰질할 때와는 달리 여행을 다닐 때는 자괴감을 느끼지 않는다. 오히려 무언가 의미 있는 일을 했고 굉장한 것을 얻어왔다는 감각이 있다. 대체 무엇을 얻었다는 말인가? 나는 우리가 얻어오는 것이 바로 경외감이고, 이 느낌이야말로 충실한 삶을 살기 위한 우리 정신의 비타민이라고 생각한다.

경외감이란 자신이 작아지는 감각이다. 지금껏 큰 줄 알고 살았는데 문득 돌아보니 이렇게 작은 존재였음을 깨닫는 순간 우리 마음속 깊은 곳에서 솟아오르는 어떤 뻐근한 감격이 바로 경외감이다. 자신이 작다는 것을 깨닫는 데는 여러 방법이 있으나, 그중 가장 쉬운 길은 큰 것을 찾아서 그 앞에 서는 것이다. 그래서 사람들이 자주 찾는 유명 관광지는 보통 크다. 불상이 크고 성당이 크고 사천왕이 크고 폭포가 크고 암각화가 크고 타워가 크고 그림이 크고 건물이 크고 바다가 크고 초원이 크고 산이 크다. 통도사(通度寺)의 진신사리는 사이즈가 작을 뿐, '진신(眞身)'이라는 두 글자에서 뿜어져 나오는 아우라(Aura)는 어지간한 불상보다 훨씬 크다. 나의 오랜 친구 하나는 서른즈음에 스페인의 산티아고 순례길을 걷다가 돌연 '삶은 극복해야 할 고통이 아니라 살아가야 할 신비'임을 깨달았다고 고백했다. 산티아고 순례길은 땅이 크고 하늘이 크다. 저렇게 큰 것을 보면서 하염없이 걸으면 저런 깨달음을 얻는 것도 이상한 일이 아니다.

유전자 편집을 통한 호모사피엔스의 유전적 강화(Genetic Enhancement)를 꿈꾸는 사람들, 예컨대 스티븐 핑커 같은 경우 이것이 인간을 더 오래 살게 해주고 더 건강하게 해 줄 것이므로 우리에게 큰 이득이 된다고 믿는다. 이득을 왜 거부하는가? 길에 돈이 떨어져 있는데 줍지 않을 생각인가? 하지만 이처럼 이득을 추구하는 심성은 무엇보다도 생명이라는 놀라운 현상을 향한 경외의 감정을 파괴한다는 점에서 바람직하지 못하다. 종으로서의 우리는 수십억 년의 점진적 변화 끝에 도달한 어떤 결론이며 그 결론의 복잡성은 우리에게 주어진 것이지 우리가 만든 것이 아니다. 수십억 년이라는 시간의 크기, 우리에게 이것을 건네준 존재인 자연이라는 총체(總體)의 압도적인 크기 앞에서 우리가 자연스럽게 느끼는 '작아지는' 감정이 바로 경외감이다. 이 느낌은 거대한 산과 바다와 폭포 앞에서, 산티아고 순례길에서 우리가 받게 되는 느낌과 본질적으로 다르지 않다.

천연폭포를 기대하고 유명 관광지를 찾아갔는데 알고 보니 콘크리트로 모양을 내고 수도관을 심어 물을 뿜는 인공폭포였다면 기분이 어떻겠는가. 그 '차게 식는 느낌'을 상상해 보라. 우리가 우리 손으로 우리 유전자를 바꾸는 순간 우리 자신은 인류 역사상 처음으로 천연폭포에서 인공폭포로 바뀌게 된다. 우리를 감싸고 있는 깊고 넓은 천연의 아우라는 당연히 손상될 수밖에 없다. 아예 없어지지는 않겠지만 말이다.

스티븐 핑커가 말하는 인간 강화의 '이득'은 어쩌면 칼로리 같은 이득이 아닐까? 이미 충분한 칼로리를 조금 더 얻어보겠다고 소중한 비타민을 포기하려는 건 아닌지 숙고해 보아야 한다.

(E)

<이제는 인간이 인간을 진화시킬 시간이다>

아마도 이 글을 읽는 사람들의 대부분은 안경 너머로 이 글을 읽고 있을 것이다. 2023년의 통계에 의하면 성인 남녀의 71%가 안경을 사용한다고 하니. 안경은 우리 시대의 가장 대중적인 착탈식 강화 외골격일 것이다. 착용하면 현대 사회의 하중에 따라 약화된 당신의 시력은 현대 사회가 요구하는 수준으로 강화된다. SF 영화에서 쉽게 볼 수 있는 일종의 강화 전투 장비인 것이다.

자연광과 초원의 시대에는 우리의 눈이 덜 혹사당했을 것이다(밤늦게 책이나 컴퓨터를 보지 말고, 쉴 때에는 멀리 보는 연습을 하라는 안과 의사들의 조언에 따르면 아마도 그렇다). 하지만 아무래도 우리는 밤늦게 컴퓨터나 스마트폰을 쓰지 않을 도리가 없다. 초원의 동물들을 사냥하고 산딸기를 채집하는 삶을 살고 있지 않으니. 현대 사회는 대부분 고도화된 자료 파악을 요구하고, 그러한 자료 파악 능력을 갖추도록 훈련되는 동안(그리고 그러한 자료 파악 능력을 활용하는 동안) 당신의 눈은 주로 근거리에 있는 인공광을 오래오래 마주치게 될 것이다. 그렇게 시력은 망가지고, 그럼에도 시력을 활용해야 하고, 자연스레 우리의 선택은 안경이 된다. 물론 당신은 안경 없는 삶을 살아갈 수도 있다. 운 좋게 충분히 강력한 시력을 타고났다거나, 별 생각이 없다면 말이다. 별 생각이 없다면 심해에 잠수해야 할 때에 잠수복을 갖춰 입지 않아도 좋고, 우주에 나갈 때에 우주복을 갖춰 입지 않아도 좋다. 결과는 그렇게 좋지 않겠지만.

문명의 발전과 함께 '문명에 발맞춘' 신체의 적절한 조율은 필수적인 일이 되었다. 문명 시대 이전, 종의 신체를 조율하던 것은 주로 '자연 선택'이었다. 빙하기가 몇 번길게 있었으니, 먹을 게 없어도 아무거나 잘 먹고 살이 쪄 체온 조절에 유리한 자들이 살아남아 새끼를 깐다. 전쟁도 여러 번 길게 있었으니, 남을 죽인 사람들이 살아남아 새끼를 깐다. 그리고 새끼를 많이 까려는 사람들이 새끼를 많이 까서 살아남아 또 새끼를 깐다. 뭐 또 여러 가지 일들이 있었고 그렇기에 영양이 충분한 지금의 문명사회에서 당뇨는 일종의 운명이 되었다. 자연 선택이 명한 대로, 아무거나 잘 먹고 살을 잘 찌우면 좀 더 가까운 운명이 된다. 빙하기에 태어났더라면 당뇨체질이 여러모로 편리했을 테지만, 지금은 빙하기가 아니다. 사람을 죽이는 일이나, 새끼를 많이 까는 일도 마찬가지다. 우리는 자연이 선택한 몸을 가지고 문명의 시대를 살아가고 있다. 잠수복을 입고 우주에 나가 있는 형국인 것이다. 상당한 비극이다.

명확하게, 자연보다는 문명이 우리의 삶과 환경을 이루고 있다. 우리의 주변에 더 이상 자연은 없다. 우리는 수천 년 전부터 품종을 교배해 온 작물과 동물들을 인공적인 상황에서 키워 식량으로 사용하며, 길어진 수명을 버티기 위해 때가 되면 인공 관절 치환술을 받는다. 자연의 물건을 먹으며 때가 되면 죽던 시대에는 그럴 필요가 없었겠지만. 빙하기를 버티게 해준 소화기와 순환기 덕에, 조금 빙하기적 감성으로 이것저것 먹다 보면 혈액도 인공적으로 걸러줘야 하는 상황에 처한다. 그리고 자연은 선택 능력을 잃었다. 자연 선택의 시대를 버티게 해준 선조들의 위대한 유전자에 대해서는 충분히 감사하는 바이나, 그런 걸로 앞으로의 시대를 살아가기는 힘들 것이다.

그러니 이제 우리는 지구를 인간화하고 문명화한 것처럼, 인간 스스로를 문명화해야 한다. 신장과 관절을 대체한 것처럼, 더 많은 대체 가능한 장기들을 연구하고 개발해야 한다(평균 수명을 줄이는 쪽으로 문명을 발전시킬 것이 아니라면 말이다). 과식과 살인 충동, 과잉 성욕 등등의 수많은 '자연 상태'를 버텨내게 해준 유전적 속성들과 작별할 시간이다. 문명은 이제 자연만큼이나 인간의 통제 범위 밖에서 빠르게 변화하고 있다. 인공지능이 더 이상 자료의 정리가 아닌, 확장된 자료의 탐사를 시작한 시대다. 외화된 문명에 의해 인간이 자연 선택되어 또 이상한 형질들을 보유하고 유지해 나가기 전에, '적극적인 형태의 유전자 개입'에 대한 결단이 필요하다.

우주와 미래가 눈앞으로 다가오고 있다. 우리는 맨몸으로 우주에 나갈 수 없는 것처럼, 맨몸으로 미래를 향해 갈 수 없다. 문명을 진화시킨 인간이, 이제는 문명에 맞서/더불어 인간을 진화시킬 시간이다. 기나긴 자연 선택의 시간을 이겨낸 것이 우연이었다면, 필연의 힘을 통해 우리는 앞으로 다가올 문명 선택의 시간을 돌파해내야 할 것이다.

by 심해냉장고

---

* 이제 앞선 모든 글을 검토하고 자신의 의견을 정리해 주시기 바랍니다. 각자 정리된 생각을 바탕으로 교수자 및 동료들과 의견을 나누어봅시다. 바로 토론에 들어가기 어렵다면 다음의 템플릿을 활용하시기 바랍니다.

1) 각자 다음 서식을 사용하여 내용을 정리한 후, 동료들과 토의해봅시다.

'전제' 정리	이유 제시
① (D)의 저자가 당연한 것으로 간주하고 있는 것이 있을까요?	그 내용을 당연한 것으로 간주하고 있다고 본 이유를 설명하세요.
→	→
② (E)의 저자가 전제하고 있는 것을 써보세요.	그 내용을 전제로 본 이유를 설명하세요.
→	→

③ 두 전제 간의 차이점을 써보세요.	두 전제 중 선호하는 전제를 선택하고 그 이유를 설명하세요.
➜	➜

2) 각자 작성한 ①~③의 내용 토의 과정에서 다음의 서식을 각자 작성해보도록 합시다. 단, 토의 전에 작성 서식 항목을 확인하시기 바랍니다.

자신의 분석과 설명보다 장점이 있는 분석과 설명 판단	
장점을 발견하지 못한 경우	장점을 발견한 경우
판단 이유 제시	↓
	동료 의견 수용을 통한 자신의 의견 수정·보완
→	→
↓	
자기 입장 유지	

3) 마지막으로 팀별 토의를 통해 다음 서식을 작성하도록 합시다. 단, 팀은 같은 입장을 가진 사람끼리 구성하고, 토론은 다른 입장의 팀과 진행합니다.

토론 주제
인간은 자기의 유전자를 편집해도 되는가?
주장(논지) (한 문장으로 주제에 관한 조의 입장을 쓰세요.)

NOTE

찬성측 입론 (입론을 구성하는 근거는 왼쪽 칸에 1~2문장으로 쓰고, 이 근거의 핵심 내용은 오른쪽 칸에 구체적으로 작성하세요. 그리고 입론 발표할 때, 작성된 내용을 그냥 읽는 방식이 아니라 상대 토론자가 내용을 정확히 이해할 수 있도록 예의 바르고 상세하게 근거와 내용을 발표하세요.)	찬성측 입론[1]
	1. (찬성측 1번)
	2. (찬성측 2번)
	3. (찬성측 3번)

1) **'입론'**은 논제에 관한 찬성 혹은 반대 입장이 옳다는 것을 증명(정당화)하는 과정이면서 동시에 그 내용이기도 합니다. 따라서 입론은 찬성과 반대 각 입장의 옳음을 입증할 수 있는 근거로서의 세부 주장과 이 세부 주장의 근거(이유)로 구성됩니다. 찬성측과 반대측 모두 각자의 입론을

입론의 구체적 내용

토대로 토론에 참여하기 때문에, 입론은 찬성측과 반대측이 전투를 위해 서로 세운 전초기지와 같습니다. 이 기지가 튼튼하게 만들어져야 토론도 잘 할 수 있으며, 이에 입론을 구성하는 내용을 명확하면서도 설득력이 크도록 작성해야 합니다.

반대측 질문과 반론	반대측 질문과 반론[2]
	1. (찬성측 1번에 대해 반대측 4번)
반대측 질문과 반론 (찬성측 입론을 들으면서 미리 작성해야 합니다. 필요한 경우 작성을 위한 작전 시간 요청이 가능합니다. 질문과 반론의 내용은 입론에 활용될 수 있으니, 질문을 통해 무엇을 얻고, 이렇게 얻은 것을 효과적으로 반론으로 연결할 방안을 생각하세요.)	2. (찬성측 2번에 대해 반대측 5번)
	3. (찬성측 3번에 대해 반대측 6번)

2) **'질문과 반론'**은 상대측의 입론을 약화하여, 자신의 입론을 강화하기 위한 전략적 과정이다. 따라서 질문과 반론은 단지 궁금함을 해소하기 위한 과정이 아니라, 주로 상대측의 입론 중 약점이나 그 약점과 관련하여 명확히 내용을 확정하기 위한 과정이다. 예를 들어, 상대측의 입론 발표 중 어떤 내용을 언급하면서, 그렇게 발표한 것이 맞는지, 그리고 그 발표 내용을 이렇게 이

질문의 요지와 반론 이유 설명

해할 수 있는 것인지를 물어 내용을 확정하고, 그렇게 확정된 내용이 갖는 문제점을 반론으로 제시하여, 청중이 상대측의 입론 내용만 듣고 판단하는 것을 유보토록 하는 것이다. 그리고 이 문제점은 추후 자신측의 입론 과정에서 활용할 수 있다. 이를 위해 '질문과 반론'을 시작하기 전, 내용 정리를 위한 작전 시간을 가질 수 있다.

	반대측 입론
반대측 입론 (입론을 구성하는 근거는 왼쪽 칸에 1~2문장으로 쓰고, 이 근거의 핵심 내용은 오른쪽 칸에 구체적으로 작성하세요. 그리고 입론 발표할 때, 작성된 내용을 그냥 읽는 방식이 아니라 상대 토론자가 내용을 정확히 이해할 수 있도록 예의 바르고 상세하게 근거와 내용을 발표하도록 하세요.)	1. (반대측 1번)
	2. (반대측 2번)
	3. (반대측 3번)

구체적 내용

찬성측 질문과 반박 (반대측 입론을 들으면서 미리 작성해야 합니다. 필요한 경우 작성을 위한 작전 시간 요청이 가능합니다. 질문과 반론의 내용은 입론에 활용될 수 있으니, 질문을 통해 무엇을 얻고, 이렇게 얻은 것을 효과적으로 반론으로 연결할 방안을 생각하세요.)	찬성측 질문과 반박
	1. (반대측 1번에 대해 찬성측 4번)
	2. (반대측 2번에 대해 찬성측 5번)
	3. (반대측 3번에 대해 찬성측 6번)

구체적 내용

자유토론[3]	(찬성측 · 반대측 한 번씩 번갈아 진행)
주장 재확인 혹은 수정	(주장이 유지 혹은 수정된 이유 작성)

3) **'자유토론'**은 앞서 진행된 토론과 달리 별도의 형식을 갖추지 않는 토론입니다. 그렇다고 아무렇게나 진행되어서는 안 됩니다. 앞의 형식적 토론이 반대측의 입론에 관한 찬성측의 <질문과 반박>으로 끝났기 때문에, 자유토론은 **반대측에서 시작**합니다. 구성원 간 특정한 발표 순서는 없으며, 누구라도 발언을 할 수 있습니다. 그리고 반대측 발언 후, 찬성측 발언이 같은 방식으로 이어집니다. 기본 원칙은 각 측 구성원 한 명씩 돌아가며 발표하며, 제한된 시간 내에 마치면 됩니다. 자유토론의 내용도 차후 글쓰기에 활용되기 때문에, 각자 중요한 내용은 <자유토론> 작성란에 기록해두고 글쓰기에 활용하기 바랍니다.

글쓰기

* (A)~(E)의 요약 내용과 토론 내용을 자료로, '인간은 자기의 유전자를 편집해도 되는가?'에 관한 각자의 입장을 설득력 높게 제시하는 글을 완성하세요. 글을 완성하기 위해 다음 서식을 활용하여 글을 쓰세요.

주차 과제　학과 :　　학번 :　　성명 :

I. 도입(- 글에서 다루는 논제(주제)와 그 논제가 다루어져야 하는 중요성을 제시하세요)

II. 본론

1. 입장 선택 기준 제시(- 논제와 관련하여 설득력을 높일 수 있는 기준 및 이를 위해 필요한 정보를 제시하세요.)

2. 선택한 입장(주장)과 그 입장이 옳은 이유(근거) 제시(- 본인이 선택한 입장을 명확히 쓰고, 선택한 입장이 옳은 이유(근거)를 제시문과 토론 내용을 활용하여 체계적으로, 예를 들어 '핵심근거 - 세부근거 - 사례' 순으로 쓰세요.)

3. 가능한 반론 제시(- 내가 선택한 입장에 대하여 제기될 수 있는 반론을 제시문과 토론 내용을 활용하여 체계적으로, 예를 들어 '반론의 핵심 근거 – 세부 근거 - '사례' 순으로 쓰세요.)

4. 제기된 반론에 대한 재반론(- 토론 내용을 활용하여, 제기된 반론의 핵심 근거를 반박하여 재반론하고, 이를 통해 자신이 선택한 입장의 정당성을 부각할 수 있도록 쓰세요.)

III. 마무리(- 본론의 핵심을 정리 · 요약하고, 자신의 입장에서 관련 사안이 향후 어떻게 전개될 것인지 전망하는 내용이나 함축점을 추가하세요).

참고문헌

도나 디켄슨, 『인체 쇼핑: 살과 피로 돌아가는 경제』, 이근애 옮김, 소담출판사, 2012.

마이클 샌델, 『생명의 윤리를 말하다: 유전학적으로 완벽해지려는 인간에 대한 반론』, 강명신 옮김, 동녘, 2010.

Eric Lander et. al., "Adopt a moratorium on heritable genome editing", *Nature* 567, 2019. 165-168. doi: https://doi.org/10.1038/d41586-019-00726-5

「[김진수의 바이오 혁명] '크리스퍼 혁신', 유전자를 고쳐 질병을 치료한다」, 『중앙일보』 2025.01.20. https://n.news.naver.com/article/025/0003415837

「About Lulu and Nana: Twin Girls Born Healthy After Gene Surgery As Single-Cell Embryos」, He Jiankui의 발표영상. 2018.11.26. https://youtu.be/th0vnOmFltc?si=xwwiR4Yci4KbLHpc

「CRISPR in Context: The New World of Human Genetic Engineering」, World Science Festival에서 이루어진 Jennifer Doudna, Jamie Metzl, 그리고 William Hurlbut의 대담. 2019.10.26. https://youtu.be/RNRZchHaKgw

「Playing God: What are the Limits of Bioetechnology?」, William Hurlbut의 아칸소 대학 강연 2022.10.24. https://www.youtube.com/watch?v=oK3aGYuYKWM

「The New Eugenics? The Brave New World of Designer Children, Bionic Athletes, and Genetic Engineering」, Michael Sandel 하버드 케네디 스쿨 강연, Steven Pinker 논평. 2004.04.07. https://youtu.be/VQlLy6f3SQ0

Chapter 7

삶의 기술과 사랑

Ⅰ. 글 안내 : 사랑에 대해 고민해야 하는 이유

대학교에서 젊은 청춘들을 앞에 두고 이따금 사랑에 관해 이야기할 때가 있습니다. 지루해하던 그들의 눈동자에서 본능적인 호기심의 불꽃이 순간적으로 튀어 오르는 것을 발견할 수 있습니다. 이야기 내내 초롱초롱함을 유지하는 학생들도 있지만, 몇몇 학생들의 눈망울에서는 반짝했던 총기가 금세 사위어갑니다. 궁금한 나머지 한번은, 사랑 이야기마저 무관심한 학생에게 그 이유를 물어보았습니다. 돌아오는 답변은 이러했습니다. "전 모태 솔로거든요. 또 취직 준비로 한동안은 연애하기 어려울 것 같아요. 결혼하기는 더 힘들고, 아이를 낳고 기르는 건 거의 불가능할 것 같아요." 씁쓸하고 안타까운 대답입니다.

젊은이들에게 꼰대 같은 이야기를 하자는 게 아닙니다. 책임이 있다면, 언제나 기성세대의 몫이 훨씬 큽니다. 말하고픈 것은 현재 우리가 사는 시대를 진단하자는 것입니다. 그리스 신화의 어법으로 말하자면, 우리 시대는 솔로의 신, 아르테미스의 전성시대입니다. 현대인들이 화려하게 꾸며 입고 너나 할 것 없이 사랑을 연기하지만 아프로디테나 에로스는 제대로 힘을 쓰지 못하는 것 같습니다. 문제는 자발적인 아르테미스 신봉자들은 그리 많지 않다는 점입니다. 대부분 그리로 내몰리고 있을 뿐입니다.

사람은 빵만으로는 살 수 없습니다. 의미를 섭취해야 합니다. 돈 많은 부자라도 생의 의미를 잃은 사람은 우울증에 시달리고 자살까지 시도합니다. 그런데 이런 생의 의미는 사랑에서 유래한 것으로 생각합니다. 그리하여 아무리 각박하고 비루한 생이라도 누구나 사랑을 희구하기 마련입니다. 이번 장의 주제는 '사랑'입니다. (줄곧 경험했으나 자각하지 못했던) 사랑에 관심을 가지는 것 자체가 의미 있는 출발입니다. 단 한 번도 사랑을 경험하지 못했다는 모태 솔로는 실제로 존재할 수 없습니다. 사랑에 빚지지 않은 생은 불가능하기 때문입니다. 부모 말고도 숱한 사랑의 양육자들이 존재합니다. 즉 우리는 이웃, 친구, 선생, 그리고 땅과 나무와 별 같은 자연의 사랑을 먹고 자랍니다.

아래 인용된 첫 번째 글은 사랑이 먼저인지 질투가 먼저인지를 묻는 글입니다. 여기에서 질투는 소유 욕망을 뜻합니다. 두 번째 글은 소유욕에 기초한 자기중심적 사랑인 나르시시즘에 대해 보충 설명하고 있습니다. 나르시시즘은 이기주의(egoism)보다는 폭넓은 개념입니다만(이기주의에 기초해서 이타적인 행동마저 설명한다는 점에서, 예컨대 '남을 사랑하는 게 나의 큰 즐거움'이라고 생각한다는 점에서), 사랑에서 가장 중요한 축을 '자기'에 둔 입장입니다. 이런 점에서 질투가 사랑에 선행한다는 입장은 나르시시즘의 편에 서 있다고 할 수 있습니다. 그렇다면 과연 사랑이 먼저일까요, 질투가 먼저일까요? 도대체 사랑이란 무엇일까요?

II. 다음 글을 읽고 생각해 봅시다

(A)

스탕달(Stendhal, 1783~1842)은 연애의 일곱 단계를 말했다. 1단계는 연인에게 감탄하는 단계이며, 2단계는 접근 충동, 3단계는 설레고 들뜨는 희망, 4단계는 사랑의 열병을 앓는 시기이다. 5단계는 세상에서 연인이 가장 아름다워 보이는 첫 번째 결정(結晶) 단계이며, 6단계는 의혹과 질투가 생기는 단계이고, 마지막 7단계는 사랑을 확신하며 두 번째 결정 작용이 일어나는 단계다. 여기에서 스탕달은 연인 미화의 마음 작용을 '결정'이라는 말로 표현한다. 흥미로운 것은 두 결정 작용 사이에 질투의 단계가 놓여 있다는 점이다. 질투의 시련을 거쳐야만 아름다운 사랑이 안착할 수 있다는 뜻일까?

사랑이 먼저일까 질투가 먼저일까? 나쓰메 소세키(夏目漱石, 1867~1916)의 소설 『마음』을 분석하면서, 가라타니 고진(柄谷行人)은 이 질문을 잘 정식화했다. 이 소설에서 주인공인 '선생'은 하숙집 주인 딸을 좋아한다(like). 그저 호감 수준이지 아직 사랑한다(love)는 자각에 이르지는 못한 상태다. 그때 친구에게 같은 집에서 하숙하라 권하는데, 얼마 후 친구가 주인공에게 하숙집 딸을 사랑한다고 고백한다. 친구의 말에 강한 질투심이 일어나고 나서야 주인공은 사랑을 자각하고 결혼을 서두른다. 이처럼 질투가 사랑의 조건이자 사랑의 원동력이라면, 삼각관계는 특별한 관계가 아니다. 오히려 연애 서사의 근본 뼈대라고 말할 수 있다.

둘이 아닌 셋이 연애의 상수(常數)다. 연적의 출현을 통해서만, 사랑의 정념이 타오를 수 있기 때문이다. 질투가 미지근한 호의를 응결시켜 사랑을 이루는 긍정적 계기라고 볼 수도 있지만, 그것이 너무나 위험하다는 점은 부인할 수 없다. 질투에 해당하는 프랑스어 잘루지(jalousie)는 원래 창문에 거는 블라인드를 뜻한다. 질투의 화신은 몰래 블라인드를 걷어 올리며 연인을 감시한다. 『오셀로』에서 셰익스피어(William Shakespeare, 1564~1616)도 '녹색 눈을 가진 괴물'로 질투를 묘사한 적이 있다.

사전에서 질투(嫉妬)는 "우월한 사람을 시기하고 증오하고 깎아내리려 함"으로 정의된다. 이 정의 속에는 질투와 시기를 거의 동의어로 사용하고 있다. 그런데 정말 똑같은 뜻일까? 정신분석가인 장-다비드 나지오(Juan-David Nasio)는 질투심, 시기심, 경쟁심을 다음과 같이 매우 명쾌하게 구분하고 있다. "질투심은 자신이 소유한 것을 잃어버릴까 봐 두려운 것이고, 시기심은 타인이 소유한 것을 갖고 싶은 마음이고, 경쟁심은 자신이 아직 갖지 않는 걸 얻기 위해 적과 싸우는 마음"[1]이다.

이런 개념 규정을 통해서 출생 순서가 가지는 의미를 따져 보자. 첫째 맏아이는 부모로부터 아낌없는 사랑을 받는다. 그렇게 얼마를 지내다가 둘째가 출현하면서 자기 소유라 여겼던 부모의 사랑을 잃어버릴까 봐 불안해한다. 첫째는 운명적인 질투의 화신이다. 둘째는 태어나자마자 첫째의 기득권을 탐할 수밖에 없다. 첫째의 악착같은 기득권 고수에도 굴하지 않고 둘째는 시기심 가득한 눈빛으로 온갖 방법을 궁리해낸다. 둘째의 자리는 시기심의 자리다. 마지막으로 막내는 자기 몫으로 주어진 것이 거의 없다는 것을 본능적으로 직감한다. 형, 언니와 싸워 이길 자신도 없다. 그래서 막내는 일찌감치 가족을 떠난다. 아직 누구의 소유도 아닌 걸 쟁취하기 위해 가족이란 울타리 바깥의 세계, 치열한 경쟁의 세계로 내몰린다.[2]

(B)

나르시시즘에 대한 비판을 듣고서, 누군가 이렇게 반발할 수도 있을 것이다. "나르시시즘이 뭐가 나쁜 겁니까? 본래 인간은 이기적이라고 하잖아요. 경제학자들도 생물학자들도 다들 그렇게 말하잖아요. 이기주의자들도 그렇게나 많은데, 이타주의까지 포함하는 나르시시즘은 훌륭한 사랑론이 아닐까요. 너무 위선 떨지 말자구요." 이런 반론은 충분히 펼칠 수 있는 주장이다. 다만 유행과 권위에 기대어 나르시시즘의 한계에 대한 성찰이 빠진 게 문제다.

나르시시즘의 위태로움을 보이기 위해 연인 간의 대화 한 토막만 더 들어보겠다. 소소한 위기를 잘 넘기며 A와 B는 긴 시간 동안 사귀고 있다. 그런데 어느 날 영화를 보고 근사한 카페에서 대화를 나누던 중에 뜬금없이 A가 이렇게 말한다.

A: 고백할 게 있어. 그동안 오래 생각해 봤는데, 실은 난 널 사랑한 게 아니었어. 네 속에 있는 내 모습을 사랑했던 거지.

B: 거봐, 내가 뭐랬니? 사랑 같은 건 없다고 했잖아. 나 역시 네 눈동자에 비친 내 모습에 빠졌을 뿐이야. 원래 그런 거였어.

'널 사랑한 게 아니라, 결국엔 날 사랑한 거야', 나르시시즘은 이 한마디 말로 요약된다. 그런

1) 장-다비드 나지오, 『카우치에 누운 정신분석가』, 임말희 옮김, NUN, 2013. 89쪽.
2) 김동규, 「질투, 시기 그리고 경쟁」, 『웹진 한국연구』.

데 과연 이 말을 듣고서 아무렇지도 않을 사람이 있을까? 누구든 순간이나마 기분이 상할 것이고, 웬만하면 이런 말을 듣기 싫어할 것이다. 이것이 단순히 기분 문제일까? 그렇더라도 뿌리가 깊은 이 언짢은 기분에 주목할 필요가 있다. 물론 골수 자유 연애주의자라면, 아주 쿨하게 '나도 그래, 그건 뭐 당연한 거 아냐?'라며 시큰둥할 것이다.[3)]

---

3) 김동규, 『철학자의 사랑법』, 사월의책, 2022, 1부 5장, 「사랑을 사랑하야요」.

내용 이해하기

* 글을 읽고 다음의 질문에 답해봅시다.

1. (A)와 (B)에서 가장 중요한 단어를 하나씩만 골라야 한다면 무엇을 고르시겠어요? 그 이유도 설명해 주세요.

2. (A)와 (B)의 핵심이라고 생각하는 문장을 하나 골라 밑줄을 그어보세요. 왜 그 문장을 골랐는지 설명해 보세요.

3. 이제 여러분이 선택한 단어와 문장으로 말을 만들면서(주먹 크기의 눈덩이를 굴려 눈사람 몸통을 만들듯이) 글을 요약해 보세요. 요약이 어렵다면 다음과 같은

템플릿을 사용해 봅시다. 시범적으로 (A)에 대해서 작성해봅니다.

<table>
<tr><td>논의 주제</td><td>사랑하고 난 다음 질투하는 걸까, 아니면 질투하면서 사랑을 확인하는 걸까?</td></tr>
<tr><td rowspan="6">세부 내용
(근거와 세부근거)</td><td>1. (   )</td></tr>
<tr><td>2. 질투가 사랑보다 앞선다.</td></tr>
<tr><td>2.1. 단순한 호감(like)과 (   )은 똑같지 않다.
2.2. 사랑이란 연인을 타인에게 빼앗기지 않으려는 (   )에서 비롯된 것이다.</td></tr>
<tr><td>3. 질투와 사랑을 동일시해서는 안 된다.</td></tr>
<tr><td>3.1. 사랑은 소유 욕망이 아니다.
3.2. 오셀로가 질투심에 못 이겨 사랑하는 아내를 살해하였듯이, 질투는 사랑을 파괴하는 위험한 힘을 가지고 있다.</td></tr>
<tr><td>4. 유년기엔 출생 순서에 따라 (   ), (   ), (   )이 작동한다.</td></tr>
<tr><td>주장</td><td>때때로 사랑은 (   )을 동반하지만 사랑을 질투와 동일시해서는 곤란하다.</td></tr>
<tr><td>글 요약</td><td>(논의 주제와 세부 내용을 연결하여 하나의 글로 작성)</td></tr>
</table>

해석하기

1. 위의 두 글은 사랑에 대한 두 가지 입장을 소개하고 있습니다. 하나는 타인에 대한 헌신적인 사랑이고, 다른 하나는 '자기'를 우선시하는 나르시시즘입니다. 제시된 글에서는 어느 입장이 절대적으로 옳다고 주장하는 대신, 각 입장의 이해를 돕는 데 주력하고 있습니다. 이번 기회에 소박하게나마 사랑에 관한 자기의 입장을 다듬어 봅시다.

2. 사랑을 주제로 삼은 드라마나 영화를 사례로 제시하며, 자신의 사랑관을 보다 풍부하게 전개해 봅시다.

토론하기

(A)와 (B)는 질투와 관련된 나르시시즘이 주로 서술되어 있습니다. 다음에 소개되는 (C)는 사랑에 관한 논의를 '환대'라는 키워드로 변주하고 있습니다. 여기서는 특히 낯선 타인을 중심에 둔 타자 중심적 사랑론에 초점을 맞추고 있습니다.

(C)

울산에 온 지도 1년이 넘었다. 거주지를 서울에서 울산으로 옮기면서 생긴 가장 뚜렷한 변화는 지인이 거의 없는 곳에서 살다 보니 가족과 보내는 시간이 많아졌다는 것이다. 가족끼리 산책 겸 자주 가는 곳이 집 근처 태화강이다. 집에서 강변을 따라 조금 걷다 보면, 온갖 다양한 동식물들을 만난다. 깨끗한 강물에는 '물 반 물고기 반'이라 말할 정도로 물고기가 많고, 그걸 잡아먹는 백로, 까마귀, 오리, 각종 철새 등이 가던 발걸음을 멈추게 한다. 서울의 한강에서는 볼 수 없었던 모습이다.

그렇게 걷다 보면 이윽고 '태화강 국가정원'에 도착한다. 이곳은 도시 근린공원으로 2019년 순천만에 이어 두 번째 국가정원으로 지정되었다고 한다. 봄에는 빨간 꽃양귀비와 장미 등 각종 꽃들이 피어나고, 가을에는 드넓은 정원이 국화와 억새들로 뒤덮인다. 11월 즈음 이 부근에는 추위를 피해 시베리아에서 날아온 떼까마귀들을 만날 수 있는데 그 수가 어마어마하다(약 10만 마리 가량!). 일전에 하늘을 온통 검게 물들인 까마귀 무리의 군무를 보면서, 감격한 나머지 울산에 온 보람을 느낀다고 아내에게 말했던 적이 있다. 이 광경 하나로 타향살이의 시름이 몽땅 사라진 셈이다.

태화강 국가정원 가장자리에는 강의 남쪽과 북쪽 둔치를 잇는 다리가 있다. 차들이 오가는 '국가정원교'가 그것인데, 바로 그 아래 설치된 인도교가 '은하수 다리'이다. 이 인도교의 특징은 다리를 건널 때 강 아래를 내려다볼 수 있는 투명 바닥으로 조립되었다는 점이다. 그 투명 다리를 건너다보면 공중에 붕 뜬 느낌이 난다. 아이들은 그걸 무서워하면서도 재미있어 한다. 투명하게 비치는 허공에 선뜻 발을 내딛기가 망설여지지만, 일단 발을 뻗으면 공중을 나는 듯한 자유를 만끽할 수 있다. 투명 발판의 내구성을 믿지 못하면, 이 자유를 결코 구가할 수 없다.

'은하수 다리'는 시민 공모로 지어진 이름이라는데, 투명한 바닥과 잘 어울린다. 시인 정현종은 「섬」이라는 짧은 시에서 "사람들 사이에 섬이 있다/ 그 섬에 가고 싶다"라고 노래했다. 옛사람들 말처럼, 저마다 자기만의 별이 있다면, 그 별들을 잇는 보이지 않는 다리가 있어 커다란 별 무리가 만들어진다. 그 무리의 형체를 두고 은빛 강줄기(銀河水)라 부르기도 하고 우윳빛 길

(milky way, via lactea)이라고 불렀던 것이다. (고대 그리스인들은 아기 헤라클레스가 너무 세게 헤라의 젖을 빨아서 그 천하장사의 입을 뿌리치면서 생긴 젖줄기라고 상상했다).

낯선 곳에서 살다 보면 모든 게 다 새롭다. 새로운 게 아무리 좋더라도, 새로운 일들이 반복되다 보면 힘들기 마련이다. 특히 낯선 사람과 만나는 일은 매번 어렵다. 상대에 대한 사전 지식이 전무한 상태에서 그와 관계를 맺는 일에는 언제나 위험이 동반되기 때문이다. 저이가 이방인을 환대하는 착한 이웃일지 손님을 배척하고 갈취하는 악당일지, 단박에 알 수는 없기 때문이다. 그래서 관계 자체를 주저하게 되고 피하게 된다. 지금이야 엄마 아빠보다 더 잘 적응하고 친구가 많아졌지만, 우리 집 아이들이 처음에는 집 밖에 나가는 것을 싫어했던 이유다.

하기야 '돌다리도 두드리며 건너야 한다'는 속담도 있듯이, 낯선 타인을 만날 때에는 조심스럽고 신중하게 접근할 필요가 있다. 단단한 돌다리마저 그러한데, 사람과 사람 사이에 놓인 투명다리를 어떻게 쉽게 믿고 건너갈 수 있다는 말인가? 낯선 타인에 대한 공포, 즉 제노포비아(xenophobia)는 생명체가 오랜 진화 과정에서 습득한 생의 본능적 지혜에 가깝다.

서양에서 이런 신중한 지혜를 잘 겸비한 최초의 사람이 오뒷세우스이다. 그는 트로이 전쟁 후 10년 동안 지중해 전역을 떠돌면서 낯선 사람들을 만난다. 외눈박이 식인 괴물 폴뤼페모스도 만나고 마법으로 사람을 돼지로 바꾸어 놓는 키르케도 만난다. 개중에는 나우시카 같이 이방인을 환대하는 사람도 있지만, 대개는 위험천만한 존재들이었다. 그래서 그는 아무도 믿지 않는다. 구사일생 귀향하고 나서도 집안 재물을 축내는 구혼자들은 차치하고라도 자기 식구들, 즉 아버지, 아내, 아들에게도 자신의 정체를 곧바로 드러내지 않는다. 거지 행색의 나그네로 위장한 채 먼저 그들의 신의를 확인한다. 오뒷세우스는 현실의 위협에 대처하는 꾀 많은 사람의 전형 그대로다.

오뒷세우스는 낯선 이방인을 조건부로 환대하는 인물이다. 자신에게 해가 되는지 얼마만큼 이득이 되는지를 꼼꼼히 따져가며 환대할 손님과 쫓아낼 사람을 구별한다. 해를 입힌 자(구혼자들)에게는 무자비한 폭력도 불사한다. '매너가 사람을 만든다'라는 명대사가 등장하는 영화 <킹스맨>의 한 장면, 즉 술집에서 시비를 거는 동네 양아치들을 응징하기 위해 먼저 술집 문을 걸어 잠그는 장면은 『오뒷세이아』에서 유래한 것이다. 오뒷세우스는 하인을 시켜 자기 집 문을 걸어 잠근 후, 구혼자들을 무참히 도륙한다.

타자에 대한 철저한 무지 상태에서 어떻게 행동하면 좋을까? 때로는 오뒷세우스처럼 조건을 따지면서 선별하는 것도 필요하지만 때로는 위험을 감수하고라도 무조건적인 환대를 실천해 보는 것은 어떨까? 이유나 조건을 전혀 제시하지 않았음에도 타인으로부터 신뢰를 받는 것만큼 감격적인 일은 없기 때문이다. 그런 경험을 해 본 사람은 낯선 세상을 고향처럼 느낄 수 있다. 세상을 더욱 사랑할 수 있고, 그럴수록 더 큰 사랑을 베풀 수 있다. 고독한 (인간) 별들이 투명 다리로

이어져 장대하고 아름다운 은하수가 만들어지듯이, 우리가 사는 이 세상이 좀 더 아름다워질 수 있다.[4)]

---

* 사랑론은 크게 두 가지로 구분해 볼 수 있습니다. 하나는 '자기중심적 사랑론'이고, 다른 하나는 '타자중심적 사랑론'입니다. 말 그대로, 자기중심의 사랑은 사랑하는 주체 자신을, 타자 중심의 사랑은 사랑의 대상을 중심에 둡니다. 전자는 사랑에서 자기의 자유와 권리를 강조하고, 후자는 자기희생을 강조합니다. 전자는 사랑의 모든 의미와 가치를 자기에게 수렴시키는 반면, 후자는 사랑하는 대상인 타자에 수렴시킵니다. 그러다 보니 때때로 전자는 타자에 대한 폭력적 강압으로, 후자는 노예적 굴종으로 보이기도 합니다. 인용된 글 (C)에 등장하는 조건부 환대는 자기중심적 사랑에, 무조건적 환대는 타자중심적 사랑에 가깝습니다.

4) 김동규, 「사람들 사이의 투명 다리」, 『웹진 한국연구』.

1) 각자 다음 서식을 사용하여 내용을 정리한 후, 동료들과 토의해봅시다.

사랑론 정리	이유 제시
① 질투가 사랑에 앞선다.	질투는 소유욕에 기초한 현실적 감정
➜	➜
② 타자 사랑이 질투에 앞선다.	사랑이 선행해야 질투도 생겨난다.
➜	➜

③ 사랑은 조건부 환대로서 가능하다.	사랑의 근본은 무조건적 환대다
→	→

2) 각자 작성한 ①~③의 내용 토의 과정에서 다음의 서식을 각자 작성해보도록 합시다. 단, 토의 전에 작성 서식 항목을 확인하시기 바랍니다.

자신의 분석과 설명보다 장점이 있는 분석과 설명 판단	
장점을 발견하지 못한 경우	장점을 발견한 경우
판단 이유 제시	↓
	동료 의견 수용을 통한 자신의 의견 수정·보완
→	→
↓	
자기 입장 유지	

3) 마지막으로 팀별 토의를 통해 다음 서식을 작성하도록 합시다. 단, 팀은 같은 입장을 가진 사람끼리 구성하고, 토론은 다른 입장의 팀과 진행합니다.

토론 주제
사랑은 호르몬의 작용 내지 나르시시즘, 그 이상일 수 있는가?
주장(논지) (한 문장으로 주제에 관한 조의 입장을 쓰세요.)

NOTE

	찬성측 입론[5]
찬성측 입론 (입론을 구성하는 근거는 왼쪽 칸에 1~2문장으로 쓰고, 이 근거의 핵심 내용은 오른쪽 칸에 구체적으로 작성하세요. 그리고 입론 발표할 때, 작성된 내용을 그냥 읽는 방식이 아니라 상대 토론자가 내용을 정확히 이해할 수 있도록 예의 바르고 상세하게 근거와 내용을 발표하세요.)	1. (찬성측 1번)
	2. (찬성측 2번)
	3. (찬성측 3번)

5) **'입론'**은 논제에 관한 찬성 혹은 반대 입장이 옳다는 것을 증명(정당화)하는 과정이면서 동시에 그 내용이기도 합니다. 따라서 입론은 찬성과 반대 각 입장의 옳음을 입증할 수 있는 근거로서의 세부 주장과 이 세부 주장의 근거(이유)로 구성됩니다. 찬성측과 반대측 모두 각자의 입론을

입론의 구체적 내용

토대로 토론에 참여하기 때문에, 입론은 찬성측과 반대측이 전투를 위해 서로 세운 전초기지와 같습니다. 이 기지가 튼튼하게 만들어져야 토론도 잘 할 수 있으며, 이에 입론을 구성하는 내용을 명확하면서도 설득력이 크도록 작성해야 합니다.

반대측 질문과 반론 (찬성측 입론을 들으면서 미리 작성해야 합니다. 필요한 경우 작성을 위한 작전 시간 요청이 가능합니다. 질문과 반론의 내용은 입론에 활용될 수 있으니, 질문을 통해 무엇을 얻고, 이렇게 얻은 것을 효과적으로 반론으로 연결할 방안을 생각하세요.)	반대측 질문과 반론[6]
	1. (찬성측 1번에 대해 반대측 4번)
	2. (찬성측 2번에 대해 반대측 5번)
	3. (찬성측 3번에 대해 반대측 6번)

6) **'질문과 반론'**은 상대측의 입론을 약화하여, 자신의 입론을 강화하기 위한 전략적 과정이다. 따라서 질문과 반론은 단지 궁금함을 해소하기 위한 과정이 아니라, 주로 상대측의 입론 중 약점이나 그 약점과 관련하여 명확히 내용을 확정하기 위한 과정이다. 예를 들어, 상대측의 입론 발표 중 어떤 내용을 언급하면서, 그렇게 발표한 것이 맞는지, 그리고 그 발표 내용을 이렇게 이

질문의 요지와 반론 이유 설명

해할 수 있는 것인지를 물어 내용을 확정하고, 그렇게 확정된 내용이 갖는 문제점을 반론으로 제시하여, 청중이 상대측의 입론 내용만 듣고 판단하는 것을 유보토록 하는 것이다. 그리고 이 문제점은 추후 자신측의 입론 과정에서 활용할 수 있다. 이를 위해 '질문과 반론'을 시작하기 전, 내용 정리를 위한 작전 시간을 가질 수 있다.

반대측 입론 (입론을 구성하는 근거는 왼쪽 칸에 1~2문장으로 쓰고, 이 근거의 핵심 내용은 오른쪽 칸에 구체적으로 작성하세요. 그리고 입론 발표할 때, 작성된 내용을 그냥 읽는 방식이 아니라 상대 토론자가 내용을 정확히 이해할 수 있도록 예의 바르고 상세하게 근거와 내용을 발표하도록 하세요.)	반대측 입론
	1. (반대측 1번)
	2. (반대측 2번)
	3. (반대측 3번)

구체적 내용

찬성측 질문과 반박	찬성측 질문과 반박
	1. (반대측 1번에 대해 찬성측 4번)
찬성측 질문과 반박 (반대측 입론을 들으면서 미리 작성해야 합니다. 필요한 경우 작성을 위한 작전 시간 요청이 가능합니다. 질문과 반론의 내용은 입론에 활용될 수 있으니, 질문을 통해 무엇을 얻고, 이렇게 얻은 것을 효과적으로 반론으로 연결할 방안을 생각하세요.)	2. (반대측 2번에 대해 찬성측 5번)
	3. (반대측 3번에 대해 찬성측 6번)

구체적 내용

자유토론[7]	(찬성측 · 반대측 한 번씩 번갈아 진행)
주장 재확인 혹은 수정	(주장이 유지 혹은 수정된 이유 작성)

7) **'자유토론'**은 앞서 진행된 토론과 달리 별도의 형식을 갖추지 않는 토론입니다. 그렇다고 아무렇게나 진행되어서는 안 됩니다. 앞의 형식적 토론이 반대측의 입론에 관한 찬성측의 <질문과 반박>으로 끝났기 때문에, 자유토론은 **반대측에서 시작**합니다. 구성원 간 특정한 발표 순서는 없으며, 누구라도 발언을 할 수 있습니다. 그리고 반대측 발언 후, 찬성측 발언이 같은 방식으로 이어집니다. 기본 원칙은 각 측 구성원 한 명씩 돌아가며 발표하며, 제한된 시간 내에 마치면 됩니다. 자유토론의 내용도 차후 글쓰기에 활용되기 때문에, 각자 중요한 내용은 <자유토론> 작성란에 기록해두고 글쓰기에 활용하기 바랍니다.

글쓰기

* (A)~(C)의 요약 내용과 토론 내용을 자료로, '사랑은 호르몬의 작용 내지 나르시시즘, 그 이상일 수 있는가?'에 관한 각자의 입장을 설득력 높게 제시하는 글을 완성하세요. 글을 완성하기 위해 다음 서식을 활용하여 글을 쓰세요.

주차 과제 학과 : 학번 : 성명 :

I. 도입(- 글에서 다루는 논제(주제)와 그 논제가 다루어져야 하는 중요성을 제시하세요)

II. 본론

1. 입장 선택 기준 제시(- 논제와 관련하여 설득력을 높일 수 있는 기준 및 이를 위해 필요한 정보를 제시하세요.)

2. 선택한 입장(주장)과 그 입장이 옳은 이유(근거) 제시(- 본인이 선택한 입장을 명확히 쓰고, 선택한 입장이 옳은 이유(근거)를 제시문과 토론 내용을 활용하여 체계적으로, 예를 들어 '핵심근거 - 세부근거 - 사례' 순으로 쓰세요.)

3. 가능한 반론 제시(- 내가 선택한 입장에 대하여 제기될 수 있는 반론을 제시문과 토론 내용을 활용하여 체계적으로, 예를 들어 '반론의 핵심 근거 – 세부 근거 - '사례' 순으로 쓰세요.)

4. 제기된 반론에 대한 재반론(- 토론 내용을 활용하여, 제기된 반론의 핵심 근거를 반박하여 재반론하고, 이를 통해 자신이 선택한 입장의 정당성을 부각할 수 있도록 쓰세요.)

III. 마무리(- 본론의 핵심을 정리 · 요약하고, 자신의 입장에서 관련 사안이 향후 어떻게 전개될 것인지 전망하는 내용이나 함축점을 추가하세요).

참고문헌

김동규, 『철학자의 사랑법』, 사월의책, 2022.

윌 버킹엄, 『타인이라는 가능성』, 김하연 옮김, 어크로스, 2022.

장-다비드 나지오, 『카우치에 누운 정신분석가』, 임말희 옮김, NUN, 2013.

정현종, 『나는 별아저씨』. 문학과지성사, 1978(초판), 1992.

호메로스, 『오뒷세이아』, 천병희 옮김, 도서출판숲, 2019.

김동규, 「사람들 사이의 투명 다리」, 웹진 한국연구. 2024.01.25.
https://www.webzineriks.or.kr/post/사람들-사이의-투명-다리-김동규

김동규, 「질투, 시기 그리고 경쟁」, 웹진 한국연구. 2021.11.08.
https://www.webzineriks.or.kr/post/질투-시기-그리고-경쟁-김동규

Chapter 8

삶과 죽음

Ⅰ. 글 안내 : 죽음에 대해 고민해야 하는 이유

2023년 한 해 동안 울산대학교 교직원 게시판에는 전현직 교직원 관련 부고가 총 56회나 실렸습니다. 이 정도 규모의 직장에 다니면서 매년 접하게 되는 부고의 숫자가 1년 치 일요일 수보다 많다는 것은 죽음이 우리의 생각 이상으로 평범하고 일상적인 일임을 잘 말해줍니다. 굳이 부고를 내지 않은 죽음들까지 셈해본다면 평범한 직장인들이 접하는 상장례 소식은 토요일과 일요일을 합친 것보다 많을지도 모르겠습니다.

한편, 죽음에는 여러 종류가 있습니다. 친인척의 죽음이 있고, 동료와 친구의 죽음이 있고, 셀러브리티(celebrity)의 죽음이 있고, 기르던 동식물의 죽음이 있고, 어젯밤 운 좋게도 손으로 때려잡은 모기의 죽음도 있습니다. 자연사와 사고사와 안락사 등도 있습니다. 중요성에 있어서 그 무엇에도 비길 수 없는 자기 자신의 죽음도 있습니다. 이 모든 죽음은 '죽음'이라는 점에서는 같지만, 자세히 살펴보면 각각의 사정이 무척 다르기에 서로 의미가 다릅니다.

우리는 대부분 이러한 죽음들이 어떻게 다르고 왜 다른지에 대해 굳이 묻지 않은 채 각각의 죽음들을 알음알음 처리하며 살아갑니다. 입 밖으로 꺼내어 말하기 두렵거나 잘 모르거나 불길한 소재여서 그럴지도 모릅니다.

하지만 말로 꺼내지 못하는 앎은 흐려질 위험이 있습니다. 흐릿한 앎은 대표적인 소통의 장애물입니다. 이 장에서는 이처럼 평범하고 친숙하면서도 우리 머릿속에서

희미한 형태로 배회하는 죽음에 관하여 읽고, 쓰고, 이야기해 보도록 하겠습니다.

아래 인용할 세 토막의 글 가운데 첫 번째 글 (A)의 저자에 대하여 간략히 설명하는 것으로 서문을 마무리하겠습니다. 오스트리아 출신 정신과의사 빅터 프랭클(Viktor E. Frankl, 1905~1997)은 아우슈비츠 수용소에서 살아 돌아온 생존자입니다. 종전 후 그는 당시 경험했던 일들을 바탕으로 『죽음의 수용소에서』라는 책을 출간했습니다. 책 속에서 그는 죽음의 기운으로 가득한 수용소에서 역설적으로 삶의 의미에 관한 통찰을 얻었노라 고백합니다. 어둠 속에서 빛이 가장 밝게 보이는 것처럼 죽음의 공간에서 삶의 의미가 가장 뚜렷하게 보였던 것입니다. 그러므로 프랭클의 주장에 따르면 죽음에 관한 모든 토론은 그 자체로 삶과 생명의 가치에 관한 토론입니다. 이번 장의 주제가 우리 모두에게 더욱 의미심장한 이유입니다.

Ⅱ. 다음 글을 읽고 생각해 봅시다

(A)

(a)강제 수용소에서 조금 여유가 생겼을 때, 나는 개인이나 집단을 대상으로 정신 요법과 정신 건강법을 이용한 치료를 시도해 보았다. 개인을 대상으로 하는 정신 요법은 일종의 '인명 구조'와 비슷한 성격을 띠고 있었다. 말하자면 자살 방지책의 일종이라는 것이다. 수용소에는 자살을 시도하는 사람의 생명을 구하는 것을 금하는 엄한 규칙이 있었다. 예를 들자면 목을 매 자살하려는 사람의 목에 매인 줄을 끊는 것도 금했다. 따라서 이런 일이 일어나기 전에 방지하는 것이 중요했다.

나는 아직도 두 개의 자살 미수 사건을 기억하고 있다. 두 사건은 놀라울 정도로 성격이 비슷했다. 두 사람 모두 자살 동기를 털어 놓았다. 그것은 자살을 시도하는 사람들이 전형적으로 내세우는 것, 즉 삶으로부터 아무것도 기대할 게 없다는 것이었다. 이런 경우 두 사람에게 삶이 그들로부터 여전히 무엇인가를 기대하고 있으며, 미래에는 그들이 삶으로부터 무엇인가를 기대할 수 있다는 사실을 일깨워 주는 것이 중요하다.

실제로 그중 한 사람에게는 그것이 그의 아이라는 사실이 밝혀졌다. 그가 그렇게 사랑하는 아이는 지금 다른 나라에서 그를 기다리고 있다. 또 다른 사람에게 그 대상은 사람이 아닌 일이었다. 과학자였던 그 사람은 책을 써 왔고 아직 완성하지 못한 상태였다. 그 일은 누가 대신해 줄 수 있는 것이 아니었다. 마찬가지로 또 다른 사람의 아이, 그 아이에게 애정을 베푸는 데 있어서 아버지 자리를 대신해 줄 수 있는 사람은 아무도 없었다.

각각의 개인을 구별하고, 존재의 의미를 부여하는 이런 독자성과 유일성은 인간에 대한 사랑처럼 창조적인 의미를 지니고 있다. 이 세상에 자신의 존재를 대신할 수 있는 것이 아무것도 없다는 사실을 일단 깨닫게 되면, 생존에 대한 책임과 그것을 계속 지켜야 한다는 책임이 아주 중요한 의미로 부각된다. 사랑으로 자기를 기다리고 있을 아이나 혹은 아직 완성하지 못한 일에 대해 책임감을 느끼게 된 사람은 자기 삶을 던져버리지 못할 것이다. 그는 '왜' 살아야 하는지를 알고 있고, 그래서 그 '어떤' 어려움도 견뎌낼 수 있다.[1)]

(B)

정부가 독점상품을 판매하는 경우를 전매(專賣)라고 한다. 예로부터 중원을 통치했던 제국들

1) 빅터 프랭클, 『죽음의 수용소에서』, 이시형 옮김, 청아출판사, 2020, 127~128쪽.

은 전매를 통해 부족한 재정을 충당하는 방법을 즐겨 사용했다. 소금을 독점하고 철을 독점하고 술을 독점하고 차를 독점하고 말을 독점해서 세수를 올린 기록이 대단히 많다. 오늘날 세계 여러 국가들이 술, 담배, 석유 등에 특별세를 설정하여 수익을 올리는 것의 원조 격인 셈이다.

중국 제국들은 명예도 전매했다. 사람은 제아무리 돈을 벌어도, 아니, 오히려 돈을 벌면 벌수록 자신이 가지지 못한 또 다른 힘에 대한 갈망이 깊어만 간다. 그렇게 돈을 내고 명예를 사고자 하는 이가 생긴다. 제국의 정부는 이러한 수요를 이용해서 명예직을 팔았다. 이름 자리가 빈 명예직 임명장을 대량으로 만들어서 일정 금액을 내는 민간인에게 그의 이름을 적어서 수여하는 식이다. 고작 그 종이 한 장에 사람들이 돈을 쓸까 싶겠지만, 정말로 썼다.

우리는 기근이 들면 식량이 없어서 사람이 굶어 죽는다고 생각하기 쉬운데 실은 그렇지 않다. 평소보다 부족할지언정 대개의 경우 식량은 있다. 다만 식량 값이 폭등하는 바람에 쌀을 살 돈이 없는 사람부터 순서대로 굶어 죽게 된다. 자료가 비교적 충분히 남아 있는 근세기의 기근들을 연구해 보면 대기근이 든 지역에서도 곡식의 총산출량은, 놀랍게도, 해당지역 인구가 모두 함께 먹으며 버틸 만큼 존재했던 경우들이 많았다. 문제는 쌀이 아니라 돈이다. 흉년이 들면 곡물가격은 상승하고, 곡물가격이 상승세를 타면 여유가 있는 이들은 너도나도 곡물 사재기에 들어간다. 사재기가 시작되면 곡물을 팔겠다는 사람은 판매를 유보하고, 이에 곡물가는 더욱더 상승한다. 아무도 팔지 않는데 사겠다는 사람만 있는 시장에선 설령 굶어 죽는 이가 나와도 선뜻 곡물을 팔겠다는 사람이 나타나지 않는다.

그래서 가뭄이 들면 중국 지방 관료들의 임무는 없는 곡물을 만들어내는 게 아니라 부유층을 설득해서 이미 있는 곡물을 시장에 내놓게 하는 것이었다. 물론 맨입으로 쌀을 내놓으라고 할 수는 없으니 그들에게 명예 임명장을 팔고 대금으로 쌀을 받았다. 돈과 명예가 싫다고 노래했지만 그것들이 굴러들어왔을 때 굳이 마다하지 않았던 힙합 그룹 DJ DOC처럼 중국의 부자들은 명예가 가지고 싶어서 쌀을 내놓았다고 말하진 않았지만, 그래도 어쨌든 준다는 명예직을 사양하지도 않았다. 부자들은 명예를 위해 기부를 했던 것일까. 선행 뒤에 명예가 자연스레 따라왔던 것일까. 어쩌면 강매를 당했던 건 아닐까. 줄담배를 피우는 내 친구 하나는 담배를 끊으라는 잔소리를 들을 때마다 자신은 담배세로 애국하기 위해 매일 같이 몸을 희생하는 것일 뿐이라고 강변한다. 그런데 강변이 오래되다 보니 가끔은 정말로 담배를 피면서 애국심 같은 게 생기는 듯도 하다고 고백했다. 당시 중국 부자들의 심리도 내 친구의 복잡미묘한 심사와 비슷했을지 모른다.

조선 정부 역시 국내에 유통되던 명예를 반독점한 공기업이었다. 기근이 들거나 환란이 닥치면 구성원의 '자발적' 지원을 이끌어내기 위해 빈 임명장을 발행했다. 그러다 조선 후기에 이르러서는 위기가 너무 잦았던 탓인지 사회에서 수용할 수 있는 양 이상으로 임명장을 발행했고, 이러한 명예통화의 '양적 완화'는 결국 격심한 명예인플레이션을 일으켰다. 단편 소설 「운수 좋은 날」의 주인공 김첨지의 '첨지'는 정 3 품 무관직인 첨지중추부사(僉知中樞府事)를 줄인 말인데, 말하자면, 인력거꾼도 서로 참모총장이니 작전사령관이니 했던 것이다. 인플레가 이렇게 무섭다.

혹자는 명예를 얻고자 돈을 벌거나 돈을 벌고자 명예를 얻는 일이 속되다고 생각할지도 모른다. 하지만 무언가를 위해 분투하는 삶은 그래도 건강하지 않나. 치열하게 사는 이들의 눈은 대체로 반짝거리게 마련이다. 오히려 모든 것을 얻은 나머지 더 이상 불태울 열정이 없어 재만 남은 경우가 위험할 수 있다. 더 이상 올라갈 곳이 없는 이는 이제 내려오는 수밖에 없는데, 이때 우아하게 내려오기가 여간 어려운 게 아니기 때문이다. 대개는 어쩔 줄 몰라 정점의 언저리에서 잠시 서성이다 퇴락하고 만다.

중국의 삼국시대를 수놓은 수많은 영웅은 모두 천하통일을 위해 인생을 걸고 싸웠지만 우리는 그 싸움 끝에 새로운 통일제국의 황제가 된 이가 과연 공주님과 결혼해서 오래오래 행복하게 살았는지 어쨌는지 기억하지 못한다. 서기 265년, 사마의(司馬懿)의 손자인 사마염(司馬炎)은 조조(曹操)의 손자인 조환(曹奐)을 폐위시키고 진(晉)나라의 초대 황제로 등극했다. 솔선하여 사치풍조를 엄히 경계하고 몇 차례 국가적 위기를 현명하게 넘긴 그는 결국 서기 280년 손권(孫權)의 손자인 손호(孫皓)가 다스리던 오(吳)나라를 무너뜨리고 천하통일의 위업을 달성했다. 하지만 맑은 눈의 현군은 목표를 이룬 뒤 거짓말처럼 무너졌다.

타는 목마름으로 일통황제라는 부와 명예를 갈망했던 사마염은 이제 타는 목마름으로 술을 찾았다. 궁궐의 하렘에는 1만 명의 궁녀가 각자 작은 집을 얻어 살고 있었는데 만취한 황제는 누구와 자야할지도 몰라 염소가 끄는 작은 수레 위에서 혼술할 뿐이었다. 황제와의 동침을 원했던 궁녀들은 소금과 풀 따위를 뿌려서 염소를 자기 집 쪽으로 유인했다. 삶의 목적을 잃고 술에 취해 부유하는 살덩어리를 그렇게 궁녀들이 주워다가 재워주었다. 몸을 이렇게 굴리고도 오래 살기를 바랄 수 없다. 사마염은 통일 후 10년 만에 죽었다. 사실상의 자살이었다. 그의 사후 26년 만에 진나라는 내란으로 망했다.[2)]

---

2) 안동섭, 「높이 나는 용은 후회한다」, 『DBR』 276, 2019, 134~136쪽.

내용 이해하기

* 글을 읽고 다음의 질문에 답해봅시다.

1. (A)와 (B)에서 가장 중요한 단어를 하나씩만 골라야 한다면 무엇을 고르시겠어요? 그 이유도 설명해 주세요.

2. (A)와 (B)의 핵심이라고 생각하는 문장을 하나 골라 밑줄을 그어 보세요. 왜 그 문장을 골랐는지 설명해 보세요.

3. 이제 여러분이 선택한 단어와 문장으로 말을 만들면서(주먹 크기의 눈덩이를 굴려 눈사람 몸통을 만들듯이) 글을 요약해 보세요. 요약이 어렵다면 다음과 같은 템플릿을 사용해 봅시다. 시범으로 (A)에 대해서 작성해 봅시다.

<table>
<tr><td>논의 주제</td><td>(   )에서 (   )을 방지하려면 어떻게 해야 하는가?</td></tr>
<tr><td rowspan="4">세부 내용
(근거와 세부근거)</td><td>1. 숨겨진 내용 : (   )</td></tr>
<tr><td>2. 자살의 근본 동기는 (   )는 것이다.</td></tr>
<tr><td>3. (   )은 이 자살 동기를 해소할 수 있다.</td></tr>
<tr><td>3.1. (   )의 핵심은 당사자에게 현재와 미래의 삶이 여전히 가치 있다는 것을 일깨우는 것이다.
3.2. 만일 당사자가 다른 사람과 구별되는 자기만의 고유함과 그러한 존재로서의 유일함을 자각한다면, 그에게 (   )이 불러일으켜진다.
3.3. 자신의 고유함과 유일함을 깨달은 사람은 자신을 필요로 하는 일에 대한 또 다른 책임 인식에 따라 자기의 (   ) 못한다.</td></tr>
<tr><td>주장</td><td>(   ) 을 통해 당사자가 살아야 하는 이유를 일깨워야 한다.</td></tr>
<tr><td>글 요약</td><td>(논의 주제와 세부 내용을 연결하여 하나의 글로 작성)</td></tr>
</table>

해석하기

1. 위의 두 글의 입장은 중립적이지 않습니다. 특정한 문제의식으로 그것을 해결할 방법을 우리에게 제시하고 있습니다. 두 글은 어떤 문제를 어떻게 해결하려고 하나요? 그 해결법은 설득력이 있나요? 이제부터는 소박하게나마 자기의 입장도 세워 봅시다. 그러면 자연스레 해석의 관점을 얻을 수 있을 겁니다.

2. [선택사항]: 영화 <인생은 아름다워>를 보고 위 지문과 연관하여 영화 속 아빠의 행동을 어떻게 해석할 수 있을지 생각해 봅시다.

토론하기

(A) 안에는 저자가 우리를 설득하기 위해 펼치는 '주장'도 있지만, 너무나 당연하다고 생각하기 때문에 그저 '전제'하고 넘어가는 것도 있습니다. (a)에서 그런 내용을 찾을 수 있을 것 같습니다. 이번에는 아래의 글에서 버트런드 러셀(Bertrand Russell, 1872~1970)이 무엇을 전제하고 있는지 알아봅시다. 두 사람의 전제에는 어떤 차이가 있을까요?

(C)

전쟁이 끝나고 얼마 안 되어 오스트리아의 사정은 매우 좋지 못했다. 그때 어떤 오스트리아 농부가 나뭇가지에 목을 매었다. 한 이웃이 그를 보았고, 숨이 끊어지기 전에 줄을 끊어 그를 내려놓았다. 그런데 그 농부는 다음과 같은 이유로 그 이웃에게 소송을 제기하였다. 그 이웃은 농부를 더 오래 연명토록 하였으며, 그 당시 오스트리아에서의 삶이 해악이었다는 사실에 비추어 볼 때, 그 이웃의 행동은 불법에 해당한다는 것이었다. 법원도, 약간의 전문적 방법으로 그 이웃을 풀어주긴 했으나, 농부의 생각에 동의했던 듯하다.

영국, 그리고 미국 대부분 지역에서 자살 기도에 대해 취하는 관점은 이와 다르다. 자살은 살인이고 자살 기도는 살인 기도라는 것이다. 어떤 사람이 삶이 너무도 고통스러운 나머지 자살을 시도하면, 그에게 삶의 즐거움을 가르쳐주기 위해 그를 일정 기간 감옥에 가두어야 한다는 발상이다. 내게는 이것이 이중으로 불합리해 보인다. 첫째, 자살 기도가 범죄로 여겨져서는 안 된다. 둘째, 이 경우 감옥행이 범죄행위 억제에 도움이 될 가능성이 작다.

당신 자신을 죽이는 것이 다른 사람을 죽이는 것만큼 나쁘다는 것은 내게 말도 되지 않아 보인다. 만일 내가 다른 누군가의 시계를 빼앗아 그것을 바다에 던진다면 나는 범죄자다. 그러나 만일 내가 내 시계를 바다에 던진다면 최악의 경우라도 나는 멍청한 사람일 뿐이고, 만일 그 시계가 쓸모없는 것이라면, 나는 심지어 꽤 현명한 사람일지도 모른다. 내 시계에 적용되는 게 내 생명에도 적용된다. 내가 타인의 생명을 빼앗을 때 나는 내게 속하지 않은 걸 빼앗는 것이다. 하지만 내 소유인 나의 생명을 빼앗는 문제는 분명 다른 어떤 누구보다도 더 나 자신과 관련한 것이다.

혹자는 이렇게 말할지도 모른다. 내 생명이 다른 이들에게 유용할 수 있으므로 나는 내 생명을 빼앗아서는 안 된다고 말이다. 많은 경우 이 말은 도덕적 논증으로서는 타당하다. 그러나 법을 사적 윤리만큼 엄혹하게 만드는 것은 현명하지 못하다. 누군가 재산에 대해서 똑같이 말할지도 모른다. 쓸모없는 시계라고 해도 그것을 선물 받은 어떤 어린 소년이 느낄 큰 기쁨을 생각한다면 그 시계를 버리는 건 비도덕적일 수 있다고 말이다. 그러나 그런 도덕 원칙이 고장난 시계를 버린 사람을 감옥에 가두게 만드는 적당한 근거가 되기는 어렵다. 마찬가지로 사람이라면 모두 여생을 좋은 일에 사용할 수 있다고 말할 수도 있을 것이다. 그러나 그렇게 하는 방법을 전혀 찾을 수 없는 사람이 많이 있으며, 자기의 죽음이 공동체에 그리 큰 손해가 되지 않을 그런 사람도 적지 않다. 어떤 경우든, 누군가의 생명은 그의 재산과 마찬가지로 법적으로 그 자신의 것이어야 하며, 만일 그가 그것을 버리기로 선택했다면 그렇게 할 수 있어야 한다.

자살에 대한 억지력의 관점에서도 자살 기도에 대한 처벌은 효과가 없다. 자살을 시도하는 사람은 자살에 성공할 것을 목표로 시도하는 것이므로 (자살 성공시에) 자살기도죄로 인한 처벌도 피할 것으로 기대한다. 그리고 자살에 실패해 처벌받은 사람이 구금 이후에 자기의 삶을 더 좋게 볼 것 같지도 않다.

자살이라는 주제는 자살의 메리트(merit) 보다는 소위 ‘인간 생명의 신성성’과 관련하여 생각하게 되기 쉽다. 그렇지만 내가 알기로 이런 문구를 진지하게 고려하는 것부터가 불법이다. 왜냐하면 그렇게 믿는 사람은 전쟁을 저주해야만 하기 때문이다. 그렇지만 우리는 전쟁을 반대하는 것을 불법으로 간주하고 있다. 전쟁이 우리 제도의 일부로 남아 있는 한, 끔찍한 고통으로 자살 시도에 이르게 되는 불행한 사람에게 생명의 신성함을 호소하는 것은 그저 위선일 뿐이다.[3)]

---

* 러셀의 글을 비판적으로 검토하고 자신의 의견을 정리해 주시기 바랍니다. 각자 정리된 생각을 바탕으로 교수자 및 동료들과 의견을 나누어봅시다. 바로 토론에 들어가기 어렵다면 다음의 템플릿을 활용하시기 바랍니다.

3) Bertrand Russell, “Illigal?”, *Mortals and Others,* Routledge, 1935. 필자 수정 보완.

1) 각자 다음 서식을 사용하여 내용을 정리한 후, 동료들과 토의해봅시다.

'전제' 정리	이유 제시
① (A)의 저자 빅터 프랭클이 당연하게 여기고 있는 '전제'는 무엇일까요.	그 내용을 전제로 본 이유를 설명하세요.
➜	➜
② (C)의 저자 버트런드 러셀이 전제하고 있는 것을 써보세요.	그 내용을 전제로 본 이유를 설명하세요.
➜	➜

③ 두 전제 간의 차이점을 써보세요.	두 전제 중 선호하는 전제를 선택하고 그 이유를 설명하세요.
→	→

2) 각자 작성한 ①~③의 내용 토의 과정에서 다음의 서식을 각자 작성해보도록 합시다. 단, 토의 전에 작성 서식 항목을 확인하시기 바랍니다.

자신의 분석과 설명보다 장점이 있는 분석과 설명 판단	
장점을 발견하지 못한 경우	장점을 발견한 경우
판단 이유 제시	↓
	동료 의견 수용을 통한 자신의 의견 수정·보완
➜	➜
↓	
자기 입장 유지	

3) 마지막으로 팀별 토의를 통해 다음 서식을 작성하도록 합시다. 단, 팀은 같은 입장을 가진 사람끼리 구성하고, 토론은 입장이 다른 팀과 진행합니다.

토론 주제
자살은 개인의 자유로운 선택일 수 있는가?
주장(논지) (한 문장으로 주제에 관한 조의 입장을 쓰세요.)

NOTE

찬성측 입론 (입론을 구성하는 근거는 왼쪽 칸에 1~2문장으로 쓰고, 이 근거의 핵심 내용은 오른쪽 칸에 구체적으로 작성하세요. 그리고 입론 발표할 때, 작성된 내용을 그냥 읽는 방식이 아니라 상대 토론자가 내용을 정확히 이해할 수 있도록 예의 바르고 상세하게 근거와 내용을 발표하세요.)	찬성측 입론4)
	1. (찬성측 1번)
	2. (찬성측 2번)
	3. (찬성측 3번)

4) **'입론'**은 논제에 관한 찬성 혹은 반대 입장이 옳다는 것을 증명(정당화)하는 과정이면서 동시에 그 내용이기도 합니다. 따라서 입론은 찬성과 반대 각 입장의 옳음을 입증할 수 있는 근거로서의 세부 주장과 이 세부 주장의 근거(이유)로 구성됩니다. 찬성측과 반대측 모두 각자의 입론을

입론의 구체적 내용

토대로 토론에 참여하기 때문에, 입론은 찬성측과 반대측이 전투를 위해 서로 세운 전초기지와 같습니다. 이 기지가 튼튼하게 만들어져야 토론도 잘 할 수 있으며, 이에 입론을 구성하는 내용을 명확하면서도 설득력이 크도록 작성해야 합니다.

반대측 질문과 반론 (찬성측 입론을 들으면서 미리 작성해야 합니다. 필요한 경우 작성을 위한 작전 시간 요청이 가능합니다. 질문과 반론의 내용은 입론에 활용될 수 있으니, 질문을 통해 무엇을 얻고, 이렇게 얻은 것을 효과적으로 반론으로 연결할 방안을 생각하세요.)	반대측 질문과 반론[5]
	1. (찬성측 1번에 대해 반대측 4번)
	2. (찬성측 2번에 대해 반대측 5번)
	3. (찬성측 3번에 대해 반대측 6번)

5) **'질문과 반론'**은 상대측의 입론을 약화하여, 자신의 입론을 강화하기 위한 전략적 과정이다. 따라서 질문과 반론은 단지 궁금함을 해소하기 위한 과정이 아니라, 주로 상대측의 입론 중 약점이나 그 약점과 관련하여 명확히 내용을 확정하기 위한 과정이다. 예를 들어, 상대측의 입론 발표 중 어떤 내용을 언급하면서, 그렇게 발표한 것이 맞는지, 그리고 그 발표 내용을 이렇게 이

질문의 요지와 반론 이유 설명

해할 수 있는 것인지를 물어 내용을 확정하고, 그렇게 확정된 내용이 갖는 문제점을 반론으로 제시하여, 청중이 상대측의 입론 내용만 듣고 판단하는 것을 유보토록 하는 것이다. 그리고 이 문제점은 추후 자신측의 입론 과정에서 활용할 수 있다. 이를 위해 '질문과 반론'을 시작하기 전, 내용 정리를 위한 작전 시간을 가질 수 있다.

	반대측 입론
	1. (반대측 1번)
반대측 입론 (입론을 구성하는 근거는 왼쪽 칸에 1~2문장으로 쓰고, 이 근거의 핵심 내용은 오른쪽 칸에 구체적으로 작성하세요. 그리고 입론 발표할 때, 작성된 내용을 그냥 읽는 방식이 아니라 상대 토론자가 내용을 정확히 이해할 수 있도록 예의 바르고 상세하게 근거와 내용을 발표하도록 하세요.)	2. (반대측 2번)
	3. (반대측 3번)

구체적 내용

찬성측 질문과 반박	찬성측 질문과 반박
찬성측 질문과 반박 (반대측 입론을 들으면서 미리 작성해야 합니다. 필요한 경우 작성을 위한 작전 시간 요청이 가능합니다. 질문과 반론의 내용은 입론에 활용될 수 있으니, 질문을 통해 무엇을 얻고, 이렇게 얻은 것을 효과적으로 반론으로 연결할 방안을 생각하세요.)	1. (반대측 1번에 대해 찬성측 4번)
	2. (반대측 2번에 대해 찬성측 5번)
	3. (반대측 3번에 대해 찬성측 6번)

구체적 내용

자유토론[6]	(찬성측 · 반대측 한 번씩 번갈아 진행)
주장 재확인 혹은 수정	(주장이 유지 혹은 수정된 이유 작성)

6) **'자유토론'**은 앞서 진행된 토론과 달리 별도의 형식을 갖추지 않는 토론입니다. 그렇다고 아무렇게나 진행되어서는 안 됩니다. 앞의 형식적 토론이 반대측의 입론에 관한 찬성측의 <질문과 반박>으로 끝났기 때문에, 자유토론은 **반대측에서 시작**합니다. 구성원 간 특정한 발표 순서는 없으며, 누구라도 발언을 할 수 있습니다. 그리고 반대측 발언 후, 찬성측 발언이 같은 방식으로 이어집니다. 기본 원칙은 각 측 구성원 한 명씩 돌아가며 발표하며, 제한된 시간 내에 마치면 됩니다. 자유토론의 내용도 차후 글쓰기에 활용되기 때문에, 각자 중요한 내용은 <자유토론> 작성란에 기록해두고 글쓰기에 활용하기 바랍니다.

** 예나 지금이나 사람들은 죽음을 두려워합니다. 그래서 불멸하고자 하는 욕망도 생겨납니다. 최근에는 과학의 힘을 빌려 이 욕망을 실현할 수 있다는 주장도 나오고 있습니다. 우리는 이런 주장을 어떻게 이해하면 좋을까요? 죽음은 그저 공포스럽고 나쁜 것이기만 할까요? 지금까지 지문을 독해하고 토론한 방식을 참조하며, 아래의 글을 읽고 각자 자기의 생각을 다듬어 봅시다.

(D)

현재 우리는 자본주의 사회, 즉 돈을 통해 거의 모든 것이 교환될 수 있는 곳에서 살고 있기에, 돈의 전능한 위세는 결코 낯선 풍경이 아니다. 돈은 인간의 능력과 가치를 정확하게 수량화한다. 손쉽게 수적 차별과 위계를 만들어낸다. 그리하여 애써 감추고 싶더라도, 서로 간의 불평등이 고스란히 폭로될 수밖에 없다. 스티브 잡스(Steve Jobs, 1955~2011)나 빌 게이츠(Bill Gates)가 우리처럼 청바지를 입고 햄버거를 먹는다 해도 그들은 우리와 절대 같을 수 없다. 그들이 다른 미국인들처럼 똑같이 1장의 투표용지만 받을 수 있다고 하더라도, 정치적 영향력의 측면에서 여타의 미국인들과 결코 똑같지 않다.

2019년 보도에 따르면, 마이크로소프트(MS) 공동 창업자인 빌 게이츠가 순자산 1100억 달러로 세계 최고 부자라고 한다. 수치만으로는 실감이 나지 않는다. 한 나라의 국내총생산과 비교해보자. 빌 게이츠라는 개인의 자산이 세계 GDP 순위 60번째인 에콰도르 1079억 달러보다 많다. 에콰도르는 약 28만㎢ 면적을 가진 나라로서(한반도의 1.284배) 인구는 약 1,764만 명 규모의 나라다. 이 나라가 1년 동안 생산한 경제적 가치가 빌 게이츠 재산만도 못한 셈이다. 돈을 척도로 삼는다면, 인간은 분명 평등하지 않다. 돈이 아닌 다른 척도로 잴 경우에도 마찬가지다. 어떤 사람은 근력이 뛰어나고 어떤 이는 음악에 소질이 있고, 다른 사람은 말재간이 탁월하다. 그렇다면 '평등'의 가치는 어디에 있는 걸까? 한갓 공상에 불과한 것 아닐까?

지상에 존재하는 평등은 오직 죽음뿐일지도 모르겠다. 누구나 죽는다는 점만큼은 지금껏 예외가 없었다(신화나 종교의 불멸 이야기를 곧이곧대로 믿지 않는다면). 박정희, 김일성 같은 절대 권력자도, 이건희, 잡스 같은 글로벌 부자도 모두 똑같이 죽는다. 불평등한 세상에서 죽음만이 평등을 입증하고, 죽음만이 약한 이들에게 작은 위안을 준다.

빌 게이츠는 기부를 많이 하는 사람으로도 유명하다. 만일 그가 죽지 않는 불사의 존재라면, 그처럼 통 크게 기부할 수 있었을까? 아마 그러기는 쉽지 않을 것이다. 인간이 영원히 부자이기를 욕망한다면 말이다. 죽음 앞에서는 돈도 권력도 명예도 무의미해지기에 사람들은 양보와 겸손의 미덕을 배울 수 있다. 어차피 공수래공수거(空手來空手去)니까, 아낌없이 베풀 수 있다. 죽음에 대한 자각이 사람을 성숙하게 만든다. 특히 불평등 구도 내에서 오만했던 강자마저 현자로 만들 수 있다.

언제부턴가 인간은 우주선을 타고 지구를 탈출하는 것을 대단한 진보인 양 떠벌이고 있다. 정말 그럴까? 지구는 인간의 불가피한 조건이 아닐까? 지구 생태계와 인간은 눈에 보이지 않는 촘촘한 끈으로 엮여 있어서, 마치 물고기가 물 바깥에서 살 수 없듯이, 인간은 지구라는 환경을 떠나서는 살 수 없을지도 모른다.

하지만 현대 과학은 인간의 몸마저 '인공적'으로 개조함으로써 지구와 이어진 탯줄, 그 마지막 끈조차 제거하려 하고 있다. 심지어 육체뿐 아니라 지능까지도 인공물로 대체하려는 시도에 환호하는 트랜스휴머니즘(Transhumanism)이 등장하기도 했다. 영생을 위해 트랜스휴머니스트들은 자기 몸뚱이를 포함한 자연을 버리려 한다. 옛 애니메이션 <은하철도 999>는 인간이 불멸하고자 기계가 되기를 갈망하는 모습을 이미 잘 보여주었다. 불멸하는 AI 로봇은 더 이상 인간이 아니다. 죽지 않는 것은 인간이 아니다. 그것은 애초부터 생명이 없던 것이거나 불멸하는 신, 즉 유발 하라리(Yuval N. Harari)가 말한 호모 데우스(Homo Deus)이다.

에우리피데스의 『알케스티스』라는 작품에는 아폴론과 죽음의 신이 대화하는 장면이 등장한다. 지식과 의료의 신 아폴론은 장수를 누릴 수 있는 비법을 사신(死神)에게 묻는다. 빛나는 의학 기술에 기대어 무병장수의 유토피아를 꿈꾸는 현대인처럼 아폴론은 오래 사는 법이 있다면 마냥 좋은 게 아니냐는 태도를 취한다. 하지만 죽음은 오히려 그것의 해악에 대해 이렇게 말한다. "가진 자를 위해 그대는 그 법을 세우는 것이오. 포이보스여! … 그러면 그럴 능력이 있는 자들은 고령의 죽음을 사게 될 것이오."

이 작품의 배경 신화는 이렇다. 아드메토스 왕이 죽을병에 걸린다. 신으로부터 대신 죽어줄 사람이 있으면 살 수 있다는 말을 듣는다. 어떤 사람(심지어 부모)도 대신 죽기를 거부할 때, 부인 알케스티스가 남편 대신 죽기를 자청한다. 왕은 부인의 죽음을 애도하고 자책하면서 자살까지 생각한다. 마침 왕의 친구 헤라클레스가 왕궁에 들르고, 왕은 아무 일도 없는 척하며 헤라클레스를 후하게 접대한다. 사정을 전혀 모르는 헤라클레스는 술주정하며 말썽까지 부린다. 전후 사정을 알게 된 헤라클레스는 저승까지 찾아가 저승사자를 무력으로 제압한 뒤 알케스티스를 구해온다.

불멸을 위한 과학 기술은, 아이스퀼로스의 통찰대로, 아마 '가진 자'를 위한 것이 될 것이다. 불평등한 특권을 지키고자 했던 인간의 끈질긴 역사가 그런 판단의 근거다. 지금까지는 기득권층이 평등하게 죽었기에, (물론 자유와 평등을 향한 피지배층의 피땀 어린 노력도 있었지만) 계급의 항구적 고착화가 실현되지 못했다. 그런데 그들이 불멸하는 기술을 독점할 수 있다면, 기득권의 오랜 꿈은 실현될 것이다. 지상에서 평등에의 희망은 사라질 것이다. 이런 점에서 죽음을 부정하는 행위는 평등을 비롯한 수많은 가치와 미덕 그리고 지혜의 원천을 고갈시킬 수 있다.[7]

---

7) 김동규, 『철학자의 사랑법』, 사월의책, 2022. 1부 8장, 「죽음만이 평등하다」.

글쓰기

* (A)~(D)의 요약 내용과 토론 내용을 자료로, '자살은 개인의 자유로운 선택일 수 있는가?'에 관한 각자의 입장을 설득력 높게 제시하는 글을 완성하세요. 글을 완성하기 위해 다음 서식을 활용하여 글을 쓰세요.

주차 과제 학과 : 학번 : 성명 :

I. 도입(- 글에서 다루는 논제(주제)와 그 논제가 다루어져야 하는 중요성을 제시하세요)

II. 본론

1. 입장 선택 기준 제시(- 논제와 관련하여 설득력을 높일 수 있는 기준 및 이를 위해 필요한 정보를 제시하세요.)

2. 선택한 입장(주장)과 그 입장이 옳은 이유(근거) 제시(- 본인이 선택한 입장을 명확히 쓰고, 선택한 입장이 옳은 이유(근거)를 제시문과 토론 내용을 활용하여 체계적으로, 예를 들어 '핵심근거 - 세부근거 - 사례' 순으로 쓰세요.)

3. 가능한 반론 제시(- 내가 선택한 입장에 대하여 제기될 수 있는 반론을 제시문과 토론 내용을 활용하여 체계적으로, 예를 들어 '반론의 핵심 근거 – 세부 근거 - '사례' 순으로 쓰세요.)

4. 제기된 반론에 대한 재반론(- 토론 내용을 활용하여, 제기된 반론의 핵심 근거를 반박하여 재반론하고, 이를 통해 자신이 선택한 입장의 정당성을 부각할 수 있도록 쓰세요.)

III. 마무리(- 본론의 핵심을 정리 · 요약하고, 자신의 입장에서 관련 사안이 향후 어떻게 전개될 것인지 전망하는 내용이나 함축점을 추가하세요).

참고문헌

김동규, 『철학자의 사랑법』, 사월의책, 2022.
안동섭, 「높이 나는 용은 후회한다」, 『DBR』 276, 2019.

빅터 프랭클, 『죽음의 수용소에서』, 이시형 옮김, 청아출판사, 2020.

Bertrand Russell, “Illigal?”, *Mortals and Others*, Routledge, 1935.

저자소개

김동규

연세대학교 철학과를 졸업하고 동 대학원에서 박사학위를 받았다. 주요 전공 분야는 하이데거를 비롯한 유럽 현대철학과 미학이다. 오랫동안 서양 예술과 철학의 근본 정조인 '멜랑콜리' 연구에 매진했고, 생물학과 철학의 창조적 접점 찾기에 관심을 쏟았다. 한국학(한국철학 중심의 인문학) 연구에도 관심을 가지고 한국연구원 학술자문위원과 웹진《한국연구》의 편집위원을 맡고 있다. 울산대학교 인문예술대학 글로벌인문학부에 재직 중이다. 지은 책에 『철학자의 사랑법』(사월의책, 2022), 『미생물이 플라톤을 만났을 때』(문학동네, 2019, 공저), 『멜랑콜리아: 서양문화의 근원적 파토스』(문학동네, 2014), 『철학의 모비딕: 예술, 존재, 하이데거』(문학동네, 2013), 『멜랑콜리 미학: 사랑과 죽음 그리고 예술』(문학동네, 2010) , 『하이데거의 사이-예술론: 예술과 철학 사이』(그린비, 2009) 등 다수가 있다.

김종규

성균관대학교 철학과 및 동대학원 졸. 독일현대문화철학 전공. 철학박사.

성균관대학교 하이브리드미래문화연구소 수석연구원과 삼성전자 디자인경영센터 '디자인경영연구회' 연구위원을 역임하였으며, 현재 울산대학교 교양대학에 재직 중이다. 문화 및 기술 현상에 관한 철학적 탐구와 리터러시 및 비판적 사고 연구를 통해 여러 저서와 논문을 연구 결과로 발표해왔다. 주요 저서로는 『4차 산업혁명의 도전, 인문학의 응전』(공저, 학고방, 2020, 2020년 세종도서 우수학술도서), 『비판적 사고 학술적 글쓰기』(공저, 성균관대학교 출판부, 2014), 『학술적 글쓰기』(공저, 성균관대학교 출판부, 2021), 『의사소통과 심화글쓰기』(공저, 울산대학교 출판부, 2022) 등이 있으며, 주요 논문으로는「인공지능 글쓰기와 리터러시에 대한 실존적 고찰」(2021),「호모 루덴스와 호모 파베르의 융화 공간으로서 메타버스의 미래」(2021),「미래 대학 교양교육의 핵심 영역으로서 '다중 문해력(Multi-Literacy)」(2022),「생성형 AI시대 리터러시 교육의 새로운 전환」(2023),「생성형 인공지능 시대, 과정과 결과 융합 기반 학술적 글쓰기 평가 필요성 연구」(2024),「생성형 인공지능 경량화 흐름과 리터러시 교육의 가치 - '프롬프트 리터러시'에 대한 비판을 중심으로」(2025) 등이 있다.

박민규

인하대학교 사학과와 고려대학교 국문과를 졸업하고 고려대학교 대학원 국문과에서 한국현대문학 전공으로 박사학위를 받았다. 고려대학교 BK21한국어문학미래인재육성사업단 연구교수로 일했으며 부산외국어대학교 만오교양대학 조교수를 거쳐 현재는 울산대학교 교양대학 부교수로 재직 중이다. 현대시에 관심이 많아 ≪문학사상≫ 신인상(2008)으로 등단하여 시집『박카스 만세』(2013)를 냈고, 저서로는『해방기 시론의 구도와 동력』(2014),『근대시의 모더니티와 숭고』(2014, 대한민국학술원 우수학술도서), 공저로는『다시 보는 한하운의 삶과 문학』(2017),『나를 바꾸는 글쓰기』(2017),『세상을 바꾸는 글쓰기』(2018),『의사소통과 기초글쓰기』(2024) 등을 간행하였다. 논문「김기림 시론의 대중 인식과 지식인상의 정립 과정」(2014),「여로의 감각과 생활의 의미 : 김광균론」(2014)으로 한국문학이론과비평학회와 한국근대문학회의 우수논문상들을 수상하였다.

안동섭

연세대학교 철학과를 졸업하고 옥스퍼드 대학교 동양학과에서 박사학위를 받았다. 주요 전공 분야는 중국지성사이다. 울산대학교 인문예술대학 글로벌인문학부에 재직 중이다. 지은 책으로 『초역 주자어류: 권14』(지혜의바다, 2025)가 있다.